आप भी
कॉमेडियन बन सकते हैं

आप भी कॉमेडियन बन सकते हैं

हँसो-हँसाओ, बेशुमार दौलत कमाओ

जे.पी.एस. जौली

ज्ञान विज्ञान एजूकेयर

प्रकाशक • **ज्ञान विज्ञान एजूकेयर**
3639, प्रथम तल
नेताजी सुभाष मार्ग, दरियागंज
नई दिल्ली–110002
संस्करण • प्रथम, 2023

पेपरबैक मूल्य • तीन सौ रुपए
मुद्रक • आर–टेक ऑफसेट प्रिंटर्स, दिल्ली

AAP BHI COMEDIAN BAN SAKTE HAIN
by Shri J.P.S. Jolly ₹ 300.00 (PB)
Published by **GYAN VIGYAN EDUCARE**
3639 Netaji Subhash Marg, Darya Ganj, New Delhi-110002
ISBN 978-93-88984-46-1

भूमिका

अक्सर कहा जाता है कि जो इनसान खुश रहना जानते हैं, वो भगवान की पूजा करते हैं और जो व्यक्ति दूसरों के चेहरों पर मुस्कराहट लाते हैं, प्रभु उनकी पूजा करते हैं। मुस्कराहट की ताकत का अंदाजा इसी बात से लगाया जा सकता है कि जब बच्चे का जन्म होता है, तो उसे कुछ भी बोलना नहीं आता, लेकिन वह अपनी प्यारी सी मुस्कान के दम पर हर किसी का दिल जीत लेता है। घर के सभी सदस्य उसकी एक मुस्कान पर सबकुछ कुर्बान करने को तैयार रहते हैं।

इस दुनिया में कोई भी ऐसा इनसान नहीं है, जिसे हँसी-खुशी से प्यार न हो। जिस तरह अच्छी खुराक हमारे तन को तंदुरुस्त रखती है, ठीक उसी प्रकार हास्य हमें मानसिक शांति प्रदान करता है। इतना ही नहीं, जहाँ भी हँसी-मजाक का माहौल होता है, वहाँ का वातावरण भी हर समय शांत और खुशनुमा बना रहता है। इससे भी अच्छी बात यह है कि हास्य के साथ प्यार करने वालों को कभी भी कोई चिंता, टेंशन, डिप्रेशन परेशान नहीं कर पाता, लेकिन इस बात को भी झुठलाया नहीं जा सकता कि खुशहाल जिंदगी जीने का मजा भी तभी आता है, जब खुशी के साथ बढ़िया कमाई भी हो। वैसे भी इस दुनिया में जीना है, तो पैसा कमाने के लिए कोई-न-कोई काम तो करना ही पड़ता है। सिर्फ काम ही नहीं, हर दिन सुबह-शाम कुछ कलाकारी भी जमाने को दिखाने की जरूरत होती है।

आज के माहौल को देखें तो लाखों-करोड़ों रुपए लगाकर भी पैसा कमाना काफी कठिन होता जा रहा है। अब यदि हम आपसे कहें कि बिना एक भी पैसा निवेश किए आप बेशुमार दौलत कमा सकते हैं, तो आपको कैसा महसूस होगा? एक बहुत ही मशहूर कहावत है कि हींग लगे न फिटकरी, रंग आवे चोखा। इसको सरल भाषा में कहा जाता है कि बिना एक भी पैसा खर्च किए, मोटी कमाई करना। अब आप जरूर सोच रहे होंगे कि ऐसा कौन सा काम है, जिसमें कुछ निवेश भी न करना पड़े, अधिक मेहनत भी न हो और कमाई अच्छे से हो पाए। इसी को कहते हैं कॉमेडी के करिश्मे। आज अच्छी पढ़ाई-लिखाई और बड़ी डिग्रियाँ हासिल करने के बाद भी बरसों तक नौकरी नहीं मिलती। बिजनेस करना भी बहुत मुश्किल होता जा रहा है, लेकिन इन बातों से डरने के बजाय बहुत सारे युवा अपने हँसी-मजाक के शौक को अपना पेशा बनाकर कॉमेडियन बन रहे हैं। इस लाइन में कामयाब होने के लिए हमें सिर्फ अपनी प्रतिभा को पहचनाना और निखारना होता है। इस क्षेत्र में भविष्य बनाना इसलिए भी आसान हो गया है, क्योंकि आज हर टी.वी. शो, फिल्म, स्टेज शो, नाटकों में कॉमेडी की माँग तेजी से बढ़ रही है।

अब प्रश्न यह उठता है कि क्या कोई भी व्यक्ति कॉमेडियन बन सकता है। कॉमेडियन बनने के लिए क्या गुण जरूरी होते हैं, नए किस्म के हँसी-मजाक कैसे बनाएँ, जिससे सफलता आसानी से पाई जा सके। इसीलिए हम आपके लिए लेकर आए हैं एक ऐसी अनूठी पुस्तक 'आप भी कॉमेडियन बन सकते हैं'। इतना तो हर कोई समझता है कि जहाँ खुशी रहती है, वहाँ लक्ष्मी खुद-ब-खुद ही आने लगती है। आज के दौर में जो लोग हास्य के महत्त्व को अच्छे से समझ लेते हैं, वे खुश रहने के साथ इससे बेशुमार दौलत भी कमा सकते हैं।

आजकल के युवा अच्छी नौकरियाँ छोड़कर कॉमेडियन बन रहे हैं, लगता है कि सच में हमारा देश बदल रहा है। सोशल मीडिया ने हर किसी को ऐसे कई प्लेटफॉर्म दिए हैं, जिससे कोई भी हास्य कलाकार अपनी कला को

लाखों लोगों तक पहुँचाकर बहुत अच्छी कमाई कर सकता है। यह पुस्तक जहाँ आपको हास्य के गुण सिखाकर कामयाब कॉमेडियन बनने में मदद करेगी, वहीं आम आदमी को मुस्कराने और ठहाके लगाने पर मजबूर कर देगी। आप सभी से विनती है कि अपने सुझावों और प्रतिक्रियाओं से जरूर अवगत करवाते रहें। सभी प्रिय पाठकों और शुभचिंतकों को उनके प्यार एवं सहयोग के लिए तहे दिल से धन्यवाद। हमारी प्रभु से यही प्रार्थना है कि आप सभी की हस्ती, बस्ती और मस्ती सदा ही कायम रहे।

—जे.पी.एस. जौली (जौली अंकल)

मोबाइल नं. : 9810064112
इ–मेल : jollyuncle@gmail.com
वेबसाइट : www.JOLLYUNCLE.com
www.Youtube.com/JOLLYUNCLE

अनुक्रम

भूमिका *5*
1. कॉमेडी क्या है 11
2. कामयाब कॉमेडियन कैसे बनें? 17
3. शुरुआत कैसे करें 24
4. कॉमेडी से जुड़ी खास बातें 36
5. अंदाज अपना-अपना 54
6. कॉमेडी में कॅरियर कैसे बनाएँ 60
7. कॉमेडियन बनने के खास टिप्स 68
8. सेंस ऑफ ह्यूमर 77
9. कॉमेडी कैसे लिखें 85
10. इधर-उधर के मजाक 98
11. अपने टैलेंट पर भरोसा रखें 104
12. उल्टे-सीधे सवाल-जवाब 115
13. श्रीमान-श्रीमती 124
14. फनी सुविचार 136
15. खट्टे-मीठे अनुभव 146

लेखक का जीवन-परिचय 159

1

कॉमेडी क्या है

किसी भी काम को शुरू करने से पहले उसके हर पहलू को गंभीरता से समझना जरूरी होता है, फिर चाहे वह हँसी-मजाक या कॉमेडी ही क्यों न हो। आज अगर हम कॉमेडियन बनने के बारे में सोचते हैं तो सबसे पहले यह जानना जरूरी होगा कि आखिर कॉमेडी किस चिड़िया का नाम है? बिल्कुल सरल भाषा में कहा जाए तो किसी भी प्रकार के हँसी-मजाक, जोक्स सुनने, सुनाने एवं फनी किस्म की हाजिर-जवाबी को आमतौर पर कॉमेडी कहा जाता है। कॉमेडी का मतलब तो हँसी-मजाक है, लेकिन कॉमेडी करना एक बहुत ही गंभीर विषय है। कॉमेडी, कॉमेडियन, हास्य, हँसी-मजाक से जुड़े टी.वी. शो, हास्य कवि सम्मेलन, फिल्मों की कॉमेडी स्टैंडअप कॉमेडियन, स्टेज शो के हास्य से जुड़े कार्यक्रम आदि सभी कॉमेडी का ही हिस्सा हैं।

वैसे यह एक ऐसी कला है, जो हास्य के माध्यम से दूसरों को खुश करने और मनोरंजन करने के लिए की जाती है। कोई भी व्यक्ति, किसी भी प्रकार के माहौल में, किसी खास अंदाज में अगर हँसी पैदा कर सकता है तो उसे भी कॉमेडी कह सकते हैं। एक बात तो हम सभी जानते हैं कि आज का दौर चिंता एवं परेशानियों का है। हर कोई किसी-न-किसी वजह से तनाव में है। ऐसे में लोगों के दु:ख-दर्द को कम करना और उनके चेहरों पर मुस्कराहट लाने की कला ही असल कॉमेडी कहलाती है।

आमतौर पर लोग हँसी-मजाक, कॉमेडी को कभी भी गंभीरता से नहीं

लेते, लेकिन आज के दौर में यह कला भी किसी से कम नहीं है। हमारे अपने ही देश में अनेक ऐसे कलाकार हैं, जिनके पास स्कूल-कॉलेज की डिग्रियाँ तो नहीं हैं, लेकिन उनका नाम कॉमेडी की कला के कारण देश-विदेश में मशहूर है। जितना पैसा एक साधारण व्यक्ति सारी उम्र नौकरी करके भी नहीं बचा पाता, उससे कहीं अधिक यह चंद प्रोग्राम करके कमा लेते हैं। लोग उनसे मिलने के लिए, उनकी एक झलक पाने के लिए दीवाने हो जाते हैं। कॉमेडी के क्षेत्र में थोड़ी सी मेहनत करने से सिर्फ नाम और शोहरत ही नहीं, बल्कि अच्छी-खासी कमाई भी की जा सकती है। अब आपके मन में एक प्रश्न जरूर उठ रहा होगा कि कॉमेडी कितने प्रकार की होती हैं। आइए, कॉमेडी को और अधिक अच्छे से समझने के लिए नीचे लिखी हुई बातों पर विचार करते हैं।

- सेंस ऑफ ह्यूमर।
- फिजिकल ह्यूमर।
- स्टेज शो या नाटक करना।
- मिमिक्री (अनुकरण करना)।
- सवालों के उल्टे-सीधे जवाब देकर।
- बातों में से हँसी की बात निकाल लेना।
- नई एवं ताजी खबरों पर मजाक बनाना।
- किसी नेता या अभिनेता की नकल करना।
- बहुत पतले या मोटे इनसान से मजाक करना।
- रेडियो पर लोगों को बेवकूफ बनाकर मजाक करना।
- सबसे बेहतर कॉमेडी हाजिर-जवाबी से पैदा की जा सकती है।
- पैरॉडी, किसी मशहूर गाने या कविता को अपने शब्दों में कहना।
- कुछ कलाकार गूँगे, बहरे बनकर तो कुछ हकलाकर अलग ही अंदाज में कॉमेडी बना लेते हैं।

इन सभी के अलावा भी कॉमेडी के और भी बहुत सारे रंग होते हैं, जिससे हम दूसरों के चेहरे पर मुस्कान ला सकते हैं। कॉमेडी से जुड़े कुछ विचार इस प्रकार हैं—

- सबसे अच्छी कॉमेडी सीधे दिल से निकलती है।
- कॉमेडी हर तरह के रिश्तों में दूरियों को मिटा सकती है।
- हास्य कलाकार कभी भी किसी के अभाव या प्रभाव में नहीं जीते।
- कॉमेडी एक ऐसी कला है, जिसमें बिना जादू के भी करिश्मे हो जाते हैं।
- कलाकार होना अच्छा है, लेकिन हास्य कलाकार होना बहुत अच्छा होता है।
- हम कितना खुश रहना चाहते हैं, यह सिर्फ हमारी सोच पर निर्भर करता है।
- जिंदगी के मूल्य को वही इनसान समझ सकता है, जो खुश रहना जानता है।
- कॉमेडी बहुत कमाल की चीज है, काश हर कोई इसे अच्छे से समझ सकता।
- जो इनसान खुश रहना सीख लेते हैं, उनसे खुशनसीब दूसरा कोई हो ही नहीं सकता।
- सफल कॉमेडियन को कई बार खुद मूर्ख बनकर दूसरों को खुश करना पड़ता है।
- सारे घर को रोशन करने और महकाने के लिए थोड़ी सी खुशियाँ ही काफी होती हैं।
- एक प्यारी सी स्माइल से गुस्से, अहंकार को सदा के लिए खत्म किया जा सकता है।

- कॉमेडी में इतनी ताकत होती है कि वह हर तरह की बोरियत को खत्म कर सकती है।
- कॉमेडी भी गोलगप्पे जैसी होती है, फूल गया तो गोलगप्पा, वरना पापड़ी तो तैयार ही है।
- दुनिया में शांति कायम करनी है, तो सबसे पहले हमें खुश रहने का स्वभाव बनाना होगा।
- जो लोग एक-दूसरे को खुशी-खुशी मिलते हैं, उनका सारा जीवन हँसते-खेलते गुजरता है।
- अगर हम हर दिन के साथ कुछ नया प्रयोग नहीं करते, तो हम ज्यादा खुश नहीं रह पाएँगे।
- बड़े-से-बड़े दुःख-दर्द को खुशी में बदलने के लिए एक छोटा सा मजाक ही काफी होता है।
- खुशी पाने के लिए अभी तक कोई दवा नहीं बनी और खुशी से बढ़कर कोई दवा नहीं होती।
- हमेशा खुश रहने वाले चिंता, तनाव को भूलकर सदा प्यार की भाषा में ही बात करना जानते हैं।
- कॉमेडी के बारे जरूरत से ज्यादा छानबीन करने वाले पढ़े-लिखे होकर भी अनपढ़ कहलाते हैं।
- कॉमेडी में इतनी ताकत है कि वह अनजान लोगों को पल भर में हमेशा के लिए दोस्त बना देती है।
- जो लोग जरूरत से बड़ी खुशियों की चाह रखते हैं, वो छोटी खुशियों का भी आनंद नहीं उठा पाते।
- कॉमेडी एक मात्र ऐसी कला है, जिसमें बिना कुछ भी निवेश किए हम बेशुमार दौलत कमा सकते हैं।
- एक हास्य कलाकार नेताओं से कहीं अधिक अच्छा होता है, क्योंकि

वह कम-से-कम सच तो बोलता है।

- हँसने का हुनर तो भगवान ने सभी को दिया है, लेकिन कुछ किस्मत वाले ही खुलकर हँसना जानते हैं।
- कामयाब कॉमेडियन की जिंदगी का एक ही मकसद होता है कि खुश रहना और दूसरों को खुश रखना।
- खुशी-खुशी जिंदगी जीने के लिए प्यार ही काफी होता है, ताकत तो लड़ने मरने के लिए चाहिए होती है।
- जब तक जिंदगी है, हमें हमेशा हँसते रहना चाहिए, क्योंकि मरने के बाद हम चाहकर भी नहीं हँस पाएँगे।
- खुश रहने के लिए हमें किसी खास मुहूर्त की जरूरत नहीं होती, हम जब भी चाहे खुलकर हँस सकते हैं।
- जो लोग जिंदगी में कुछ खास नहीं कर पाते, वो भी कॉमेडी की दुनिया में कमाल का धमाल कर जाते हैं।
- सफल कॉमेडियन बनने का सबसे बड़ा फायदा यह होता है कि आप शादी के बाद भी खुलकर हँस सकते हैं।
- जिंदगी में बेशक कितनी भी मुश्किलें क्यों न हों, लेकिन एक मजाक के सुनने से ही हमारे चेहरे पर रौनक आ जाती है।
- आज तक कोई भी व्यक्ति अधिक हँसने से नहीं मरा है। जो लोग कभी नहीं हँसते, वो जरूर बहुत जल्द मर जाते हैं।
- जिंदगी में किसी अपने करीबी को सबसे प्यारा तोहफा देना हो, तो उसके चेहरे पर मुस्कराहट लाने की कोशिश करो।
- अपनी खुशियों को आसानी से बढ़ाने का एक मात्र तरीका यही है कि हम अपनी खुशियाँ दूसरों से बाँटना शुरू कर दें।
- एक मुस्कराहट से हर किसी का दिल जीता जा सकता है, अगर ऐतबार न हो तो किसी भी बच्चे की स्माइल को देख लो।

- घर में परिवार के साथ बैठकर कुछ देर हँसने से जो आनंद और खुशी मिलती है, वह देश–विदेश में घूमने से भी नहीं मिलती।
- जहाँ तक हो सके, जिंदगी को हँसी–खुशी जीने की कोशिश करो, क्योंकि जिंदगी के मतलब ढूँढ़ने से कुछ हासिल नहीं होता।
- कुछ लोग सारी उम्र मेहनत करने के बाद भी महान् नहीं बन पाते, जबकि हास्य कलाकार कॉमेडी करके महान् बन जाते हैं।
- जो लोग हर समय खुश रहते हैं, दुनिया वाले उन्हें देखकर हर समय यही सोचते रहते हैं कि यह आदमी इतना खुश कैसे रह पाता है।
- कॉमेडी की अहमियत का अंदाजा इस बात से लग जाता है कि इसके बिना फिल्म हो या टी.वी. हर कार्यक्रम कुछ ही देर में बोर लगने लगता है।
- खुश रहने का सलीका सीखना हो तो मक्की के दानों से सीखो, जैसे ही आग उन्हें जलाती है, वैसे ही वे खिलखिलाकर मुस्कराने लगते हैं।
- असल खुशी का आनंद उठाना चाहते हो, तो यह भूल जाओ कि हमारे पास क्या कुछ नहीं है, बल्कि सिर्फ यह सोचो कि हमारे पास कितना कुछ है।
- कुछ लोगों को कॉमेडी करना एक कठिन काम लगता है, लेकिन जो लोग हँसमुख स्वभाव के होते हैं, वे बहुत जल्द सफल कॉमेडियन बन सकते हैं।
- पहले लोग अपने बच्चों को डॉक्टर, इंजनियर आदि बनाने की इच्छा रखते थे, लेकिन आज के युवा कॉमेडी में अपना कॅरियर बनाकर भी बहुत खुश हैं।

2

कामयाब कॉमेडियन कैसे बनें?

महान् ज्ञानी, विद्वान् हमेशा समझाते हैं कि हम जैसा सोचते हैं, जैसे हमारे विचार होते हैं, हम वैसे ही बन जाते हैं। अब अगर हमें कॉमेडियन बनना है, तो सबसे पहले अपने दिल और दिमाग को अच्छे से समझाना होगा कि मुझे कॉमेडियन ही बनना है। मुझे कॉमेडी में ही कॅरियर बनाकर कमाई करनी है। एक बार अगर हमारा दिमाग हमारे इन विचारों को स्वीकार करना शुरू कर देता है, तो कामयाब कॉमेडियन बनने की राह खुद-ब-खुद आसान होनी शुरू हो जाएगी। कामयाब कॉमेडियन बनने के बारे में गहन विचार करने से पहले हम एक बात जरूर कहना चाहेंगे कि हास्य से प्यार करने वाले सिर्फ वर्तमान में रहना जीते हैं। वे न तो बीते हुए कल और न ही आने वाले कल की चिंता करते हैं। वे इस बात को अच्छे से समझते हैं कि कल हो न हो। वैसे भी कल क्या होगा, किसने देखा है, क्योंकि कल कभी आता ही नहीं। हमें सदैव यही कोशिश करनी चाहिए कि जब तक इस दुनिया में जिएँगे, खुश रहकर जिएँगे। दुनियादारी की बातों में कुछ नहीं रखा, इसलिए हर समय जिंदगी का आनंद लो और मजे करो।

अब बात करते हैं कि कामयाब कॉमेडियन कैसे बनें? इसके बारे में ठीक से कुछ भी कहना थोड़ा मुश्किल होगा, क्योंकि यह एक ऐसा विषय है, जो स्कूल-कॉलेज में नहीं पढ़ाया जाता। कॉमेडी एक ऐसी कला है, जो हमारे अंदर से ही निकलती है। इस कला को दूसरों की मदद से निखारा तो

जा सकता है, लेकिन किसी को जबरदस्ती सिखाई नहीं जा सकती। कॉमेडी के बारे में सबसे पहले यही कहेंगे कि सही समय, मौके, जगह और लोगों के बीच सही ढंग से अपनी बात कहने वाला कोई भी व्यक्ति आसानी से सफल हास्य कलाकार बन सकता है। इस बात से तो कोई भी इंकार नहीं कर सकता कि हर इनसान के अंदर कुछ-न-कुछ हुनर जरूर होता है। अब अगर किसी के पास हँसने-हँसाने का हुनर है और वो अपने इस गुण को अच्छे से पहचान लेते हैं, तो इसी से अपनी तकदीर और तस्वीर को आसानी से बदल सकते हैं। एक सफल कॉमेडियन बनने के लिए हम सभी को अपने इस हुनर को पहचानने के साथ लगातार निखारने का स्वभाव बनाना पड़ता है। हर दिन नए विषयों को समझकर उनमें से फनी मजाक निकालने के लिए लगातार प्रयास करने की जरूरत होती है।

इसका आसान सा तरीका यही है कि हम हमेशा अपनी बात इस ढंग से कहें, जिससे दूसरों को खुशी और आनंद मिल सके। कॉमेडी करने से पहले हमारे पास हँसी-मजाक का इतना ज्ञान जरूर होना चाहिए, जिससे हम दूसरे लोगों के चेहरे पर मुस्कराहट ला सकें। हमें अपने अंदर इतना विश्वास पैदा करना होगा कि हम ऐसे मजाक बना सकते हैं, जिससे कि लोगों के चेहरे पर खुशी चमकने लगे। जो भी व्यक्ति इन बातों को गंभीरता से समझना शुरू कर दे, उसके लिए फिर पैसा और शोहरत कमाना अधिक कठिन नहीं रहता। जो लोग थोड़ा भी चौकन्ना रहते हैं, वे अपने आसपास होने वाली हर घटना पर बहुत बारीक नजर रखते हैं। जरा सा कहीं भी कुछ अचानक होता है, तो वे उसी में से हास्य पैदा कर देते हैं। यह सबकुछ मुमकिन हो पाता है हमारे नजरिए से।

हास्य कलाकार की यह खासयित होती है कि वह अचानक घटने वाली हर घटना को अलग नजरिए से देखकर उसमें हँसी के रंग भर देता है। इन सभी बातों को सीखने के लिए हम सोशल मीडिया, खासतौर से यू-ट्यूब की मदद ले सकते हैं। आज यू-ट्यूब पर हजारों हास्य कलाकारों के अनेक

वीडियो हमारी कॉमेडियन बनने की राह को काफी आसान बना सकते हैं। हो सकता है कि आप में से कुछ लोगों को कॉमेडियन बनने में शर्म या झिझक महसूस हो कि लोग इस काम के बारे में क्या कहेंगे? ऐसी बातों से घबराने की जरूरत नहीं होती, क्योंकि लोगों को तो भगवान भी खुश नहीं कर सकते। इसलिए अगर जिंदगी में कुछ करिश्मे करने हैं, तो जो कुछ खुद को अच्छा लगे, वही काम करो।

यह बात हम इसलिए भी कह रहे हैं, क्योंकि पैसे के बिना जिंदगी जीना आसान नहीं होता। अगर हम सारी उम्र लोगों की परवाह करते रहेंगे तो शायद सारी जिंदगी में भी कुछ नहीं कर पाएँगे। दूसरी बात, लोग सिर्फ बातें करना जानते हैं, बेकार की सलाह दे सकते हैं, लेकिन न तो वे कभी साथ निभाएँगे और न ही कभी मदद करेंगे। एक बात तो साफ है कि बातों से कभी किसी का पेट नहीं भरता और न ही बातों से हमारी जरूरतें पूरी हो सकती हैं। पैसे का काम सिर्फ पैसे से ही पूरा हो पाता है। इसी के साथ यह भी सच है कि इनसान अगर चाहे तो पैसा कमाने के सैकड़ों तरीके हैं। यहाँ जरूरत होती है कि सबसे पहले हम अपने दिमाग को खोलें और अपने आप से यह पूछें कि हम क्या कुछ कर सकते हैं? हमारे अंदर किस प्रकार का टैलेंट हैं? अच्छी बड़ी डिग्रियाँ पाने के बाद भी कामयाबी नहीं मिल रही, तो इसका मतलब यह नहीं है कि हम जीवन में कुछ कर ही नहीं पाएँगे। कोई भी व्यक्ति बेशक कुछ भी नहीं कर सकता, लेकिन हर इनसान अच्छे से बोल तो सकता है। अगर बोलने में थोड़ी-बहुत कमी है भी, तो उसे अभ्यास से ठीक किया जा सकता है। अब उसी बोलचाल में अगर हँसी-मजाक का तड़का लग जाए, तो फिर सोने पर सुहागा वाली कहावत को सच होने में देर नहीं लगती। इसलिए बाकी सभी बातों को भूलकर अपनी सोच को बड़ा करें। अपने मन में पक्के तौर से यह विश्वास पैदा करें कि हमें हर हाल में हास्य कलाकार बनकर पैसा कमाना है। एक बार जब हमारा मन इस बात को स्वीकार कर लेता है तो हमारा मन और तन, यानी हमारा शरीर तभी उसके लिए प्रयास शुरू करेगा। जब हमारे

विचार और तन दोनों ही एक साथ एक दिशा में आगे बढ़ते हैं, तभी हम किसी भी क्षेत्र में सफल हो पाते हैं। इसलिए जीवन में जो कुछ भी पाना चाहते हो, सबसे पहले खुद को मानसिक रूप से उस माहौल में ढालने की कोशिश करो।

कहने का भाव सिर्फ इतना है कि अगर कॉमेडियन बनकर लोगों में खुशी बाँटनी है, तो हमें हर हाल में खुश रहने का स्वभाव बनाना होगा। हास्य कलाकार बनने का एक फायदा यह भी है कि इस लाइन में दौलत के साथ लोगों का प्यार और शोहरत भी खूब मिलती है। ऑफिस की नौकरी की तरह सारा दिन फाइलों में सिर नहीं मारना पड़ता। बल्कि हास्य कलाकार खुद भी खुश रहता है और दूसरों के जीवन में भी खुशी बिखेर सकता है।

- वो इनसान सबसे महान् है, जो अपने साथ दूसरों को खुश रखने का हुनर जानता है।
- स्वभाव में लचीलापन और नम्रता किसी भी कॉमेडियन का सबसे बड़ा गहना होता है।
- कॉमेडियन बनने के लिए सबसे पहले हँसी-खुशी के महत्त्व को समझना जरूरी होता है।
- न पास होने की चिंता, न फेल होने का गम, जब तक है दम, कॉमेडियन बनकर रहेंगे हम।
- कामयाब कॉमेडियन बनने के लिए जरूरत से अधिक सोचने की आदत को बदलना पड़ता है।
- जो लोग खुद पर हँसना जानते हैं, उन पर दुनिया वाले कभी हँसने की हिम्मत नहीं कर पाते।
- हर दिन खुश रहना और दूसरों को खुश रखना थोड़ा मुश्किल जरूर है, लेकिन नामुमकिन नहीं।
- कॉमेडियन बनना चाहते हो, तो एक पल की भी देर मत करो, पता

नहीं कब आपकी शादी हो जाए।

- कलाकार होना भाग्य की बात माना जाता है, जबकि हास्य कलाकार होना सौभाग्य की बात होती है।
- आप अगर कॉमेडी करने की सोच रहे हो, तो सबसे पहले यह सोचना छोड़ दो कि लोग क्या सोचेंगे।
- हास्य तो हम सभी के अंदर शुरू से ही होता है, बस जरूरत होती है, उसे सही ढंग से बाहर लाने की।
- शुरू में हर हास्य कलाकार किसी-न-किसी दूसरे कलाकार की नकल करके ही कॉमेडी सीख पाता है।
- सफल कॉमेडियन बनने का मन बना लिया है, तो सबसे पहले अपनी झिझक और हिचक को अपने से दूर कर दो।
- हर बात से हास्य पैदा किया जा सकता है, लेकिन इस बात का ध्यान रहे कि हर कोई उसे समझ नहीं सकता।
- कॉमेडियन बनकर अगर दुनिया घूमनी है, तो शादी से पहले घूम लो, क्योंकि शादी के बाद तो दुनिया ही घूम जाती है।
- हर नए दिन के साथ हमारा नया जन्म होता है, इसलिए हमें हर दिन कुछ तो नया करने का प्रयास जरूर करना चाहिए।
- इस दुनिया में सही या गलत क्या है, इस बात की परवाह किए बिना ही हास्य कलाकार दूसरों को खुशियाँ बाँट सकता है।
- अगर लोगों को आपके हँसी-मजाक अच्छे लगने लगते हैं, तो इस राह पर पूरे आत्मविश्वास के साथ आगे बढ़ना शुरू कर दें।
- कोई हमसे खुश नहीं रहता तो परेशान होने की जरूरत नहीं, क्योंकि हम कोई जोकर तो हैं नहीं, जो हर किसी को खुश करते रहें।
- सफल हास्य कलाकार दूसरे लोगों पर मजाक करने के बजाय स्वयं

पर जोक्स बनाकर लोगों का दिल आसानी से जीत सकता है।

- सफल कॉमेडियन बनने के लिए आपके पास हँसी से भरपूर बातों का खजाना होना चाहिए, ताकि हर मौके पर लोगों को खुश किया जा सके।
- आप कॉमेडियन बनने का सपना देख रहे हो तो जरूर बन सकते हो, लेकिन पहले दिल से कॉमेडियन बनने की चाहत तो पैदा करनी पड़ती है।
- कुछ समय पहले तक लोग नेताओं की बातों को गंभीरता से सुनते थे, आजकल लोग हास्य कलाकारों की बात को अधिक महत्त्व देने लगे हैं।
- शुरू में अभ्यास और विश्वास कायम करने के लिए आप गली-मोहल्ले में होने वाले छोटे कार्यक्रमों में भाग लेकर अपना हुनर निखार सकते हैं।
- जो लोग रोजमर्रा की बातों से मजाक करने का हुनर समझ लेते हैं, वे अपने दर्शकों के साथ बेहतर तालमेल बिठाकर कमाल की कॉमेडी कर पाते हैं।
- आप अपने फोन के माध्यम से भी अपने मजाक दूसरे लोगों के साथ साझा करके यह जान सकते हैं कि लोगों को आपके मजाक कितने पसंद आ रहे हैं।
- सिर्फ चार्ली चैपलिन की तरह कपड़े पहनने से कोई कॉमेडियन नहीं बन जाता, उसके लिए अपने सारे दुःख-दर्द को भुलाकर जमाने को हँसाना पड़ता है।
- सबसे पहले आईने के सामने खड़े होकर कुछ मजाक करें, अगर आपको लगता है कि आप दूसरों को खुश कर पाएँगे, तो आप कामयाब कॉमेडियन बन सकते हैं।

- शुरू में टी.वी. या फिल्में मिलना काफी मुश्किल होता है, इसके लिए आप सोशल मीडिया, खासतौर से यू-ट्यूब पर अपना चैनल बनाकर कमाई शुरू कर सकते हैं।
- शुरू में अगर आपको दूसरों के सामने मजाक करने में झिझक होती है, तो आप अकेले आईने के सामने अभ्यास करके इसे कुछ ही दिनों में खत्म कर सकते हैं।
- मशहूर कॉमेडियन की तरह नाम कमाना चाहते हो, तो अपने फोन में बार-बार रोचक मजाक रिकॉर्ड करके देखो, इससे आत्मविश्वास बढ़ाने में बहुत मदद मिलती है।
- सफल कॉमेडियन बनने के लिए सबसे पहले अपने घर वालों को खुश करने की कोशिश करो, इस तरह का लगातार अभ्यास करने वाले बहुत जल्द कामयाब हो जाते हैं।
- बहुत सारे लोग हँसमुख स्वभाव के होते हैं और उनके पास दूसरों को खुश करने का भी हुनर होता है, ऐसे में आप इसे अच्छे से इस्तेमाल करके प्रोफेशनल कॉमेडियन बन सकते हैं।

3

शुरुआत कैसे करें

बात कॉमेडी की हो या किसी भी दूसरे काम की उसकी शुरुआत हमेशा इतनी प्रभावशाली होनी चाहिए कि हमारी बात को सुनने और देखने वालों पर उसका असर हमेशा के लिए रह जाए। ऐसा नहीं है कि हमें बाद में उसे सुधारने का कोई मौका नहीं मिलता, लेकिन सबसे पहली छाप को बदलना काफी मुश्किल होता है। आमतौर पर एक बात कही जाती है कि हमें सिर्फ वही काम करना चाहिए, जो हमें दिल से पसंद हो। इसलिए अगर कॉमेडी के क्षेत्र में किस्मत आजमाना चाहते हो, तो पहले यह अच्छे से सोच लो कि क्या हमें कॉमेडी दिल से पसंद है या सिर्फ मनोरंजन के लिए अच्छी लगती है। कॉमेडी के क्षेत्र में कदम आगे बढ़ाने से पहले अपने दिल से दिल खोलकर पूछो कि क्या वह इस मंजिल को सच में पाना चाहता है? क्या वह आपको कॉमेडी का सिकंदर बनाने में पूरा साथ देगा?

कला कोई भी हो, उसे सीखने के बाद यह जरूरी नहीं होता कि हम इसमें कामयाब हो ही जाएँगे। यह सारा खेल बातों और जज्बातों का है। इसलिए शुरुआती दौर में कॉमेडी को अपने शौक की तरह ही लें। कुछ समय बाद जब आपको यह विश्वास हो जाए कि अब आप इसमें एक्सपर्ट हो चुके हैं, तभी इस ओर अपना अगला कदम बढ़ाएँ। अक्सर देखने में आता है कि शुरू में तो हमें ऐसे काम करने में बहुत जोश होता है, लेकिन जब कई बार अच्छी प्रतिक्रिया नहीं मिलती, तो हमारा हौसला जवाब देने लगता है। इसलिए

बहुत सारे कलाकार अनेक प्रकार की कला सीखने के बाद भी उस क्षेत्र में अपना कॅरियर नहीं बना पाते। उन्हें फिर कमाई करने के लिए मजबूरी में कुछ और काम करने पड़ते हैं, जो उन्हें दिल से पसंद नहीं होते। किसी भी हास्य कलाकार की वाहवाही को देखकर हर किसी के मन में कॉमेडी करने का जोश उठता है, लेकिन कॉमेडी देखने-सुनने में जितनी आसान लगती है, असल में यह उतनी सरल होती नहीं। ऐसा इसलिए कहा जाता है, क्योंकि आज के समय में हम न तो खुद ही खुश रह पाते हैं और न ही अपने घर वालों को खुश रख पाते हैं।

मौजूदा हालात की बात की जाए तो नौकरी, कारोबार करके पैसा कमाना काफी मुश्किल होता जा रहा है। पिछले कुछ सालों में कोरोना जैसी महामारी ने सिर्फ हमारे देश में, बल्कि विदेशों में भी लाखों लोगों की कमाई के रास्ते बिल्कुल खत्म कर दिए हैं। आम आदमी ने उम्र और अनुभव के साथ जो जिंदगी को खुशहाल बनाने के सपने देखे थे, वे अब टेंशन और डिप्रेशन के शिकार हो रहे हैं। अब धीरे-धीरे ही सही, यह महामारी खत्म हो रही है। लोग फिर से अपना कारोबार शुरू करना चाहते हैं, लेकिन न तो किसी को रोजगार मिल रहा है और न ही बाजार में इतना दम है कि अच्छी कमाई की जा सके। अधिकतर लोग इस तरह की समस्याओं का हल ढूँढ़ने के लिए इधर-उधर भटक रहे हैं, लेकिन इसका यह मतलब नहीं कि पैसा कमाने के सारे अवसर खत्म हो गए हैं। क्या आप यह जानते हैं कि जब भी हमारी तरक्की का एक रास्ता बंद होता है, तो उसी के साथ और कई रास्ते खुलते भी हैं। ऐसा ही एक रास्ता है, जिसमें बिना एक भी पैसा निवेश किए काफी पैसा कमाया जा सकता है। वैसे भी यह तरीका युवाओं के बीच बहुत पॉपुलर हो रहा है। आपको शायद यह महसूस हो कि हम आपके साथ कोई मजाक कर रहे हैं। हम यहाँ एक बात साफ करना चाहेंगे कि हम मजाक नहीं कर रहे, लेकिन हँसी-मजाक की बात जरूर कर रहे हैं।

पिछले कुछ सालों से हर इनसान किसी-न-किसी प्रकार के तनाव और परेशानी से गुजर रहा है। ऐसे में सिर्फ एक छोटी सी खुशी ही हमारी जिंदगी में फिर से बहार ला सकती है। हम अपने घरों में अक्सर देखते हैं कि कोई भी बच्चा जब छोटा होता है, तो वह बोलने से पहले हँसता है। उसकी मुस्कराहट को देखकर हम सभी के चेहरों पर खुशी दौड़ जाती है, लेकिन जैसे ही हमारी उम्र बढ़नी शुरू होती है, हम हँसी-मजाक से दूर होने लगते हैं। नतीजतन हम बेकार की चिंता और तनाव से ग्रस्त होकर एक-एक दिन जिंदगी काटने को मजबूर हो जाते हैं। दिल से हर कोई खुशी और खुशहाली तो चाहता है, लेकिन वह यह नहीं जानता कि खुशी कहाँ से, कैसे मिलेगी और कब मिलेगी।

इस अध्याय में हम आपके साथ कुछ ऐसे आसान टिप्स शेयर करेंगे, जिससे आप तो खुश रहेंगे ही, साथ ही आप दूसरों को खुशी देकर बेशुमार दौलत कमा सकते हैं। यह बात हम मजाक में नहीं, बल्कि पूरी गंभीरता से कह रहे हैं। इस बात का जीता-जागता उदाहरण है कपिल शर्मा का कॉमेडी शो। आज यह टी.वी. शो सिर्फ हमारे देश में ही नहीं, बल्कि विदेशों में भी सबसे अधिक पॉपुलर है। इसी तरह स्टैंडअप कॉमेडी शो हर छोटे-बड़े शहर में सबसे अधिक पसंद किए जा रहे हैं। इस काम के दो सबसे बड़े फायदे हैं—पहला, हम दूसरों की जिंदगी और सोच में बदलाव ला सकते हैं। दूसरा, यह है कि हँसी-मजाक करने के साथ बेशुमार दौलत भी कमाई जा सकती है। इतना सबकुछ पाने के लिए एक बात सदा याद रखना कि इसके लिए हमें बहुत सारे त्याग भी करने पड़ेंगे, अगर हम अपनी इच्छाओं को नहीं त्याग सकते तो हमें कॉमेडियन बनने के सपने को त्यागना पड़ सकता है। कॉमेडी की शुरुआत कुछ निम्नलिखित बातों से की जा सकती है—

- अपना सेंस ऑफ ह्यूमर बढ़ाएँ।
- फनी पैरोडी के आइडिया अपनाएँ।

- डार्क ह्यूमर में महारत हासिल करें।
- अलग-अलग किस्म की मिमिक्री करें।
- सोशल मीडिया पर अपनी वीडियो डालें।
- स्टेज कॉमेडी के कार्यक्रमों में हिस्सा लें।
- आवाज और शब्दों की जादूगरी को समझें।
- हँसी-मजाक से भरपूर वीडियो रील बनाएँ।
- मजकिया टी.वी. शो देखने की आदत बनाएँ।
- शादी-विवाह, प्राइवेट पार्टी आदि में भाग लें।
- दोस्तों के साथ मिलकर कॉमेडी क्लब बनाएँ।
- स्टेज या टी.वी. के कार्यक्रमों में भाग लेना शुरू करें।
- परिवार और दोस्तों के साथ हँसी-मजाक में बात करें।
- रेडियो, टी.वी. पर ऐंकरिंग करके नाम के साथ कमाई करें।
- हास्य से जुड़े लेख, मजाक कविता आदि लिखना शुरू करें।
- अच्छा कटेंट लिखकर उसे बोलने की तैयारी कर सकते हैं।
- आजकल बहुत सारे होटलों में स्टैंडअप कॉमेडी करने के बहुत मौके हैं।
- जहाँ भी कोई अच्छा मंच मिले, वहाँ अपने हुनर का जलवा जरूर दिखाएँ।
- टी.वी., फिल्मों के लिए हास्य से जुड़ी कहानियाँ लिखने के अनेक मौके हैं।
- यदि आप कॉमेडी अच्छे से सीख चुके हैं, तो यह हुनर दूसरों को सिखा सकते हैं।
- खुद का यू-ट्यूब चैनल बनाकर दुनिया भर में अपनी अलग पहचान

बनाई जा सकती है।

- बड़े बिजनेस घरानों के साथ मिलकर उनके लिए शो करने के मौके तलाशे जा सकते हैं।
- हँसी-मजाक एवं जोक्स की पुस्तकें लिखकर भी अच्छा-खासा पैसा कमाया जा सकता है।
- सोशल मीडिया पर कॉमेडी की छोटी रील बनाकर लाखों लोगों तक पहुँच बना सकते हैं।

कॉमेडी की शुरुआत करने से पहले इसके कुछ अनमोल विचारों को भी समझना जरूरी है।

- क्या आप जानते हैं कि यूक्रेन के राष्ट्रपति पहले कॉमेडियन थे?
- मन में जुनून हो तो आप 6 महीने में कामयाब कॉमेडियन बन सकते हो।
- समझदार कलाकार बेवकूफों की भीड़ से हमेशा बचकर रहना जानते हैं।
- हर कॉमेडियन को तन से अधिक अपने मन को मजबूत बनाना आना चाहिए।
- हर समय खुश रहना चाहते हो, तो आज से दूसरों को खुश करना शुरू कर दो।
- हँसने-हँसाने वाले लोगों की शान और पहचान सारे जमाने से अलग ही होती है।
- जो कलाकार दूसरों को हँसाना सीख लेता है, वो जिंदगी में कुछ भी कर सकता है।
- यू-ट्यूब और अन्य सोशल मीडिया पर कॉमेडी के चैनल सबसे अधिक देखे जाते हैं

- सफल कॉमेडियन के जीवन का सिर्फ एक ही मकसद होता है—दूसरों को खुश करना।
- कॉमेडी करने के मौके आसानी से मिलते नहीं, उन्हें मेहनत के दम पर पाना पड़ता है।
- अगर भगवान ने बेवकूफ लोग न बनाए होते, तो कॉमेडी करना बहुत मुश्किल हो जाता।
- दुनिया की सबसे सस्ती दवा हँसी है, जो आपके सारे दुःख और गम दूर कर सकती है।
- कॉमेडी में कामयाब होना है, तो दूसरे लोगों के साथ खुद भी हर बात का पूरा मजा लें।
- मन में कॉमेडी करने का जुनून हो, तो फिर इसकी राह खुद ही आसान होने लगती है।
- लगातार अभ्यास और मेहनत करने वाला बड़े-से-बड़े कलाकार को भी पछाड़ सकता है।
- कभी भी किसी की शक्ल, सूरत, हालात या गरीबी देखकर मजाक नहीं बनाना चाहिए।
- कॉमेडी शुरू करने से पहले उससे जुड़े हर पहलू को अच्छे से समझना जरूरी होता है।
- जिंदगी में खुशियाँ मिलें या गम, लेकिन हँसते-हँसते सारे रास्ते आसानी से कट जाते हैं।
- कोई व्यक्ति बेशक किसी भी धर्म/जाति का हो, लेकिन हास्य को हर कोई पसंद करता है।
- बचपन में हमारे पास किसी तरह का कोई अनुभव नहीं होता, लेकिन आनंद बहुत होता है।

- छोटी सी कामयाबी मिलने के तुरंत बाद बड़ी कामयाबी के लिए प्रयास शुरू कर देने चाहिए।
- कॉमेडियन बेशक सुंदर हो या न हो, लेकिन उसके मजाक उसे सबसे खूबसूरत बना देते हैं।
- हमारे लगातार अभ्यास और तैयारी पर निर्भर करता है कि हम किस मंजिल तक पहुँच पाएँगे।
- सफल कॉमेडियन अपनी कमाई को दोगुना करने के लिए अपने प्रयास चार गुना बढ़ा देते हैं।
- धन-दौलत से हमारा घमंड तो बढ़ता है, लेकिन उससे हम अपने हुनर को नहीं निखार सकते।
- जो लोग हँसने-हँसाने की आदत बना लेते हैं, कामयाबी खुद ही उनकी किस्मत बन जाती है।
- दारू पीने वालों और नशा करने वालों पर सबसे अधिक और अच्छे मजाक बनाए जा सकते हैं।
- कॉमेडी के क्षेत्र में महान् बनना चाहते हो, तो आज से ही खुद को महान् समझना शुरू कर दो।
- कामयाब कॉमेडियन बनने के लिए समझदारी के साथ कुछ बेवकूफियाँ करना भी जरूरी होता है।
- हास्य की प्रतिभा होना एक बात है, लेकिन उससे बढ़कर आत्मविश्वास का होना जरूरी होता है।
- हास्य कलाकार दुनिया को बेवकूफ बनाने से पहले कुछ समय के लिए खुद बेवकूफ बन जाते हैं।
- कॉमेडी के क्षेत्र में कामयाबी न तो ज्ञान की, न तेज दिमाग और न ही पैसों की मोहताज होती है।

- हास्य कलाकार अगर रेडियो जॉकी बन जाए तो सारी दुनिया का दिल आसानी से जीत सकता है।
- अच्छे हास्य कलाकार कभी भी किसी के धर्म, भाषा या जात को लेकर उसका मजाक नहीं उड़ाते।
- कामयाब कॉमेडियन बनने के लिए सभी पुरानी बातों को भूलकर सिर्फ आगे बढ़ने का प्रयास करो।
- बुद्धिमान लोग सारे गम भुलाने के लिए हँसते हैं, जबकि मूर्ख लोग जीवन में हँसना ही भूल जाते हैं।
- यदि आप अपनी बात अच्छे से नहीं कह सकते, तो आप उसे मजाकिया अंदाज में तो बोल ही सकते हैं।
- अपने जीवन में तड़का लगाना शुरू करो। जो भी सबसे पहले मिले, उसे अपनी कॉमेडी सुनाना शुरू करो।
- बीता समय बेशक कितना भी अच्छा क्यों न गुजरा हो, लेकिन हम उसका आनंद वर्तमान में नहीं ले सकते।
- कॉमेडी करने के लिए डिग्रियों की नहीं, बल्कि थोड़ी सी छिछोरी हरकतों और पागलपन की जरूरत होती है।
- जिंदगी में हमेशा खुश रहने के लिए सोचने से अधिक, हर पल को महसूस करने का स्वभाव होना जरूरी है।
- सफल कलाकार की सबसे बड़ी एक खासियत होती है कि वह कभी दूसरे कलाकार को छोटा नहीं समझता।
- कुछ एक-दो लाइन वाले छोटे जोक्स अच्छे से याद करके आप किसी भी महफिल में धमाल मचा सकते हैं।
- अगर आप अच्छी कॉमेडी करने के बारे में सोच सकते हो, तो आप एक शानदार कॉमेडियन भी बन सकते हैं।

- सबसे पहले अपने परिवार, दोस्तों के साथ माहौल और मूड के मुताबिक जोक्स द्वारा हँसाने की कोशिश करें।
- हास्य लिखने वाले लेखक अपने काम के साथ हँसी-मजाक की पुस्तकें लिखकर काफी पैसा कमा सकते हैं।
- हम दूसरों से बेशक कितनी भी उम्मीदें क्यों न रख लें, लेकिन आखिर में आत्मविश्वास अपना ही काम आता है।
- बेकार की बातें कभी भी दिलो-दिमाग में नहीं रखनी चाहिए, इससे हमारी कला पर नकारात्मक प्रभाव पड़ता है।
- जो लोग खुश रहते हुए दूसरों को हँसाने का प्रयास करते हैं, उन्हें सफल कलाकार बनने से कोई नहीं रोक सकता।
- जब तक हम अपनी जिंदगी में लगातार खुशियों को नहीं बढ़ाते, हम किसी भी क्षेत्र में जीत हासिल नहीं कर सकते।
- जब तक कोई कलाकार दूसरों को हँसाना शुरू नहीं कर देता, वह कभी किसी को हँसाने में कामयाब नहीं हो सकता।
- सबसे सफल कॉमेडियन बनने के लिए ज्ञान और पढ़ाई से अधिक लगातार अभ्यास और जुनून की जरूरत होती है।
- कामयाब हास्य कलाकार आम लोगों की तरह ही जिंदगी जीता है, लेकिन वह कॉमेडी किए बिना नहीं रह सकता।
- ज्ञानी लोगों के साथ कितना भी बैठ लो, लेकिन असली हँसी तो अपने बेवकूफ दोस्तों के साथ बैठकर ही आती है।
- जो हास्य कलाकार जितने बड़े गमों को झेलना सीख लेते हैं, वो उतनी ही अधिक जमाने में खुशियाँ बिखेर पाते हैं।
- हमारे जीवन का लक्ष्य कोई भी हो छोटे-छोटे कदमों से चलकर ही बड़ी मंजिल को हासिल किया जा सकता है।

- सफल कॉमेडियन की जिंदगी में आलस्य, सुस्ती, बहानेबाजी, कामचोरी, थकान, बोर आदि शब्दों की कोई जगह नहीं होती।
- कॉमेडी शुरू करने से पहले यह कभी मत सोचना कि हँसी-मजाक करने वाले स्टार नहीं, सीधे सुपर स्टार बन जाते हैं।
- कॉमेडी का कभी-कभी अभ्यास करने वाले बेशक कई सालों तक सोचते रहे, लेकिन वे कॉमेडियन तो नहीं बन पाएँगे।
- अच्छे हास्य कलाकार को किसी सहारे की जरूरत नहीं होती, वह अकेले ही किसी भी महफिल में रंग जमा सकता है।
- हास्य कलाकारों के लिए कॉमेडी करना ही सबसे बड़ा नशा होता है और वे उसके बिना एक दिन भी नहीं रह सकते।
- सबसे पहले अपने कंटेंट को अच्छे से समझकर तैयार करें, उसके बाद उसे अपनी शैली में ढालकर दूसरों को सुनाएँ।
- आज के दौर में सोशल मीडिया किसी भी व्यक्ति को कुछ ही दिनों में स्टार कॉमेडियन बनाने की ताकत रखता है।
- जिंदगी जीने का असली मजा तभी आता है, जब हर दिन के साथ हमारे जीवन में खुशियों के साथ कमाई भी बढ़ती रहे।
- एक कामयाब हास्य कलाकार बनने के लिए हमें सबसे पहले खुद को प्यार करना होगा, तभी हम दूसरों को खुश कर पाएँगे।
- हास्य कला को बेहतर बनाने के लिए उसे सीखने के साथ हर दिन कुछ नए अनुभव लेने की कोशिश भी करते रहना चाहिए।
- कॉमेडी में हर दिन काम करने का अवसर मिले या न मिले, लेकिन कामयाब होने के लिए कोशिश हर दिन करते रहना चहिए।
- शुरू में आपको कितने लोग जानते हैं, इस बात से अधिक यह महत्त्वपूर्ण होता है कि कितने लोग आपकी बातों को पसंद करते हैं।

- अधिकतर लोग सोचते हैं कि कॉमेडी करना तो बच्चों का खेल है, जबकि इसके लिए हर दिन कई घंटे मेहनत करने की जरूरत होती है।
- कामयाब हास्य कलाकार कहीं तक भी जा सकता है, क्योंकि एक बार जब वह बोलना शुरू करता है, तो उसके बाद उसे रुकना नहीं आता।
- सोशल मीडिया पर जब भी कुछ लिखें, तो वह इतना खास होना चाहिए कि लोग पढ़ने के साथ उसे अपने दोस्तों के बीच भी शेयर करें।
- सबसे पहले आप खुद खुश रहने का स्वभाव बनाएँ, क्योंकि जब तक हम खुद खुश नहीं होते, दूसरों को कभी भी खुश नहीं कर सकते।
- पढ़ाई-लिखाई तो बहुत लोगों के पास होती है, लेकिन कॉमेडियन बनने के लिए इस कला की बारीकियों को समझना ज्यादा जरूरी होता है।
- हमें हर दिन हँसने की कोशिश करते रहना चाहिए, क्योंकि जो लोग हँसना छोड़ देते हैं, उन्हें अक्सर सारा जीवन रोकर गुजारना पड़ता है।
- बढ़ती उम्र के अनुभव को सही ढंग से इस्तेमाल किया जाए तो हर पल को चिंता, तनाव मुक्त बनाकर आसानी से खुशियों को पाया जा सकता है।
- सफल हास्य कलाकारों के पास ज्ञान कितना है, इससे अधिक महत्त्वपूर्ण यह होता है कि वे कितने अधिक लोगों के चेहरे पर मुस्कराहट ला सकते हैं।
- एक बार कॉमेडी की तरफ रुझान बन जाए, तो आप घर बैठे टी.वी.

और फिल्मों के लिए मजाकिया स्क्रिप्ट लिखकर भी दूसरों से कहीं अधिक कमाई कर सकते हैं।

- हर कार्यक्रम के लिए एक ऐंकर की जरूरत होती है, लेकिन जो कोई इस काम में हँसी-मजाक का तड़का लगाना सीख लेते हैं, उनके पास काम की कभी कोई कमी नहीं होती।
- आज हर इनसान किसी-न-किसी वजह से परेशान और तनाव में है, ऐसे में अगर हम किसी के चेहरे पर मुस्कान लाने में कामयाब हो जाते हैं, तो लोगों के प्यार के साथ दौलत भी मिलनी शुरू हो जाएगी।
- कॉमेडी करने के लिए हमें कहानियाँ-किस्सों की जरूरत नहीं होती, हमें तो सिर्फ यह देखना होता है कि हमारे आसपास जो कुछ हो रहा है, उन्हीं बातों को हँसी-मजाक के साथ कैसे परोसा जा सकता है।

4

कॉमेडी से जुड़ी खास बातें

कॉमेडियन बनने के लिए सबसे पहले अपने स्वभाव को पहचानना जरूरी होता है। क्या आप हँसमुख और मिलनसार व्यक्ति हैं या नहीं? क्या आपको नए लोगों से मिलना-जुलना और बात करना पसंद है? क्या आप हर प्रकार के हालात में खुश रह सकते हैं? सफल कॉमेडियन बनने के लिए सबसे जरूरी होता है कि हम जिस किसी से भी बातचीत करें तो अपनी परेशानियों, दुःख-दर्द को भुलाकर सभी से हँसते हुए मिलें। कॉमेडियन बनने का सबसे पहला कदम अपने परिवार और दोस्तों के सहयोग से शुरू करें। शुरू में हो सकता है कि लोगों को आपकी बातें पसंद न आएँ या उन्हें खुशी महसूस न हो, परंतु आपको यह प्रयास लगातार जारी रखना होगा। आप आईने के सामने खड़े होकर या अपने फोन में मजाक रिकॉर्ड करके अपनी इस कला को निखार सकते हैं।

इसी के साथ आप अपने मोबाइल फोन में अपने जोक्स रिकॉर्ड करके सबसे पहले खुद देखें। क्या आपको अपना स्टाइल पसंद आ रहा है? क्या आपको लगता है कि लोग आपके मजाक से खुश हो पाएँगे? कुछ समय के प्रयास के बाद आप दोस्तों की महफिल में जोक्स सुनाना शुरू करें। इसी से आपका हौसला बढ़ना शुरू हो जाएगा। शुरुआत में जरूर थोड़ा समय लग सकता है, लेकिन कुछ वक्त बाद आपको अपनी मेहनत का रंग बिल्कुल साफ दिखने लगेगा। आज देश के प्रसिद्ध कॉमेडियन कपिल शर्मा की बात

करें तो उन्होंने भी अपने जीवन की शुरुआत इसी तरह से की थी। यू-ट्यूब पर अगर उनकी कुछ पुरानी वीडियो देखेंगे, तो आप हैरान रह जाएँगे कि क्या यही वो कपिल शर्मा है, जिसकी आज सारी दुनिया दीवानी है। यहाँ एक बात और कहना चाहेंगे कि कोई कितना भी बड़ा गुरु क्यों न हो, लेकिन हर किसी को शुरुआत जीरो से ही करनी पड़ती है।

क्या कोई भी कॉमेडियन बन सकता है ?

लड़का हो या लड़की, छोटा बच्चा हो या बूढ़ा, मोटा हो या पतला, कॉमेडी एक ऐसी कला है, जिसमें कोई भी व्यक्ति महारत हासिल कर सकता है। कोई भी इनसान, जो अपनी बातों, मजाक या हरकतों से दूसरे लोगों को खुश कर सकता है, वह एक सफल कॉमेडियन बन सकता है। यह बात अलग है कि कॉमेडी करने के लिए हमें बहुत सारी बातें ध्यान में रखने की जरूरत होती है। क्योंकि अक्सर यह कहा जाता है कि हमारी जुबान में कोई हड्डी नहीं होती, लेकिन गलत ढंग से किया हुआ मजाक हमारी बहुत सारी हड्डियाँ तुड़वा सकता है। कुछ लोगों को ढंग से मजाक सुनाना तो नहीं आता, लेकिन वे अपनी शक्ल के हावभाव दिखाकर सभी को खुश कर देते हैं। हर किसी की जिंदगी में आए दिन कुछ-न-कुछ खट्टे-मीठे अनुभव होते ही रहते हैं, अगर हम उन्हीं को थोड़ा सा मिर्च-मसाला लगाकर दूसरों के सामने पेश करें, तो कॉमेडी का एक अनूठा ही रंग निखरकर सामने आने लगता है। कॉमेडियन के बारे में एक खास बात कही जाती है कि कॉमेडियन बनाए नहीं जाते, कॉमेडी तो कलाकार के अंदर होती है, उसे पहचानकर निखारने की जरूरत होती है। जिस तरह एक मूर्तिकार साधारण से पत्थर की काँट-छाँट करता है, तो उसमें से खूबसूरत मूर्ति निकल आती है, बिल्कुल उसी तरह हास्य के हुनर को निखारते ही हास्य के झरने फूटने लगते हैं।

कॉमेडी किस उम्र से शुरू करें ?

कामयाबी उम्र की मोहताज नहीं होती, इसलिए जो कुछ आज तक नहीं

किया, उसे आज से शुरू कर सकते हो। किसी भी कला को सीखने की कोई उम्र नहीं होती। बहुत सारे लोग, जो अपनी इच्छाओं को जवानी के दिनों में पूरा नहीं कर पाते, वे अपने सारे शौक बुढ़ापे में एंजॉय करने लगते हैं। कुछ लोग सारी उम्र तो बहुत सीरियस रहते हैं, लेकिन बुढ़ापे में आकर उनकी सोच बदल जाती है और वे हर बात को इस ढंग से कहना शुरू कर देते हैं कि चारों ओर खुशी महकने लगती है। हम अपने आसपास अक्सर देखते हैं कि कई बार छोटे बच्चे भी एक पल में हर किसी को हँसा देते हैं।

दुनिया के सबसे मशहूर हास्य कलाकार चार्ली चैपलिन ने 1908 में 5 साल की उम्र से हास्य कार्यक्रम करने शुरू कर दिए थे। इसके बाद उन्होंने तकरीबन 75 साल तक सारी दुनिया का मनोरंजन किया। इसी बात को और अधिक समझने के लिए हम कह सकते हैं कि जब जागो, तभी सवेरा। कहने का भाव सिर्फ इतना सा है कि आप कॉमेडी उम्र के किसी भी पड़ाव में शुरू कर सकते हैं। आपको यह जानकर थोड़ी हैरानी हो सकती है कि आपकी इस पुस्तक का लेखक यह काम 69 वर्ष की उम्र में कर रहा है। उम्मीद है कि इस बात से आपके अंदर इतना आत्मविश्वास तो जरूर जाग जाएगा कि उम्र के किसी भी पड़ाव में कॉमेडी शुरू कर सकते हैं।

कॉमेडियन की भाषा कैसी हो ?

जीवन के किसी भी क्षेत्र में कामयाब होने के लिए पढ़ाई-लिखाई के अलावा सबसे जरूरी होती है—हमारी बोलचाल, भाषा, बात करने का तरीका, जिसे Communication Skills भी कहते हैं। हमारे अंदर कॉमेडी का कितना भी टैलेंट क्यों न हो, लेकिन अगर उसे हम ठीक से बोलकर दर्शकों तक अपनी बात नहीं पहुँचा सकते, तो हमारी सफलता की राह काफी कठिन हो सकती है। कामयाब कॉमेडियन को हमेशा ही अपनी भाषा सरल और सहज रखनी चाहिए। मजाक करते समय हमेशा इस बात का ध्यान रखें कि कभी किसी की भावनाओं को ठेस न पहुँचे।

आजकल सोशल मीडिया, यू-ट्यूब आदि पर अगर कॉमेडी के प्रोग्राम देखे जाएँ तो यही समझ आता है कि बात में हँसी पैदा करने का दम होना चाहिए। हमारी भाषा बेशक कोई भी हो, लेकिन सेंस ऑफ ह्यूमर में कमी नहीं होनी चाहिए। अधिकतर कॉमेडियन हिंदी के साथ अंग्रेजी या अंग्रेजी के साथ पंजाबी का खुलकर इस्तेमाल करते हैं। स्टैंडअप कॉमेडियन कॉटेंट पर अधिक मेहनत करने के बजाय कई बार कुछ गालियाँ बोलने से भी गुरेज नहीं करते, जबकि बिना गाली-गलौज के भी अच्छी कॉमेडी की जा सकती है। साफ-सुथरी कॉमेडी करने का एक लाभ यह होता है कि हमारी पहुँच समाज के एक बहुत बड़े वर्ग तक बन जाती है।

स्टैंडअप कॉमेडियन कैसे बनें ?

वैसे तो हास्य कलाकारों की माँग हमेशा ही रही है, लेकिन आजकल स्टैंडअप कॉमेडी को लोग बहुत अधिक पसंद करने लगे हैं। इसलिए बहुत सारे लोग अच्छी-खासी नौकरी छोड़कर अपनी इस प्रतिभा के माध्यम से स्टैंडअप कॉमेडी में भविष्य बना रहे हैं। स्टैंडअप कॉमेडियन बनने के लिए हमें खुद को मानसिक तौर पर काफी मजबूत बनाने की जरूरत होती है, ताकि हम दूसरों को कुछ भी समझाने से पहले खुद को भी अच्छे से समझ सकें।

आपके पास पहले से बेशक कॉमेडी करने का कितना भी अनुभव हो, लेकिन स्टैंडअप कॉमेडी करने के लिए बहुत अधिक अभ्यास करना पड़ता है, क्योंकि फिल्मों या टी.वी. की तरह यहाँ आपको बार-बार अपनी बात ठीक से कहने का मौका नहीं मिलता। इसी के साथ इस बात का भी ध्यान रहे कि आज के दर्शक बहुत जागरूक हैं, वे कोई भी हल्के किस्म का मजाक पसंद नहीं करते। हर हास्य कलाकार की यह इच्छा होती है कि उसके काम की खूब प्रशंसा की जाए।

इसके लिए जरूरी होता है कि हम अपनी सोच को सकारात्मक रखते हुए पहले दूसरों की तारीफ करें। हमारे पास अच्छे किस्म का बहुत ही

रोचक ह्यूमर होना चाहिए। हमें हर समय अपनी आँखें, कान खुले रखने चाहिए, ताकि यह मालूम हो कि हमारे आसपास और समाज में क्या कुछ नया हो रहा है। रोजमर्रा की बातों में हास्य का सही पंच लगाकर ही शानदार कॉमेडी बनाई जा सकती है। आजकल प्यार और इज्जत माँगने से नहीं, अपने हुनर के दम पर कमानी पड़ती है। जब कभी भी किसी कार्यक्रम में जाएँ तो समय का पूरा ध्यान रखें, क्योंकि अगर हम थोड़ी भी देरी से पहुँचते हैं, तो हमें सबसे पहले दर्शकों से माफी माँगनी पड़ती है। इसलिए समय के पाबंद बनें।

हँसी-मजाक के प्रोग्राम को कभी भी हल्के में नहीं लेना चाहिए। हर बात को पहले अच्छे से सुनें और उसके बाद ही उसका जवाब देना चाहिए। सफलता के मुकाम पर लगातार बने रहने के लिए शांत मन से हमेशा कुछ नया सीखने की कोशिश भी बहुत जरूरी होती है। शुरुआत में कुछ लोग स्टेज पर बोलते समय डर और घबराहट महसूस करते हैं, जिससे सारे प्रोग्राम का मजा खराब हो सकता है। ऐसे हालात से बचने के लिए हमें छोटे टिप्स बनाकर लिख लेने चाहिए। क्योंकि अगर एक बार दर्शकों का ध्यान भटक गया, तो कॉमेडी करने वाले की ही कॉमेडी बन सकती है। अगर किसी समय हम अपने मजाक को भूल रहे हैं, तो उस समय हमें दर्शकों से बातचीत शुरू कर देनी चाहिए। इससे हमारी घबराहट और तनाव बहुत हद तक कम हो जाता है। सफल कॉमेडियन इस बात को अच्छे से समझते हैं कि हर बार किसी कलाकार की नकल करके या कुछ बेवकूफी भरी बातें सुनाकर दर्शकों को हमेशा खुश नहीं किया जा सकता। अब हम बात करेंगे कि सफल कॉमेडियन बनने के लिए और क्या कुछ जरूरी है, जिससे हम खुद को दूसरों से बेहतर बना सकते हैं।

जुबान सँभालकर

भगवान ने जुबान तो सभी को दी है। यह बात अलग है कि कुछ लोग

इसी जुबान से काम की बातें करते हैं, तो कुछ बेकार की खिल्ली उड़ाना ही जानते हैं। रोजमर्रा की जिंदगी में भी अगर हमें मजाक में कुछ कहना है, तो उस बात पर काफी सोच लेना चाहिए, क्योंकि जिस तरह कमान से निकला हुआ तीर वापस नहीं आ सकता, ठीक उसी तरह हमारा मजाक भी किसी के दिल को गहरी ठेस पहुँचा सकता है।

- कुछ लोग जिंदगी में बेवकूफियों के सिवाय कुछ भी नहीं कर पाते।
- किसी के बहकावे में आकर कभी भी मूर्खतापूर्ण कॉमेडी नहीं करनी चाहिए।
- जोक्स बनाने से कुछ नहीं होता, जोक्स को ठीक से सुनाना भी आना चाहिए।
- कई बार छोटी सी नादानी हास्य कलाकार को पल भर में नीचे गिरा सकती है।
- अधिकतर लोग तो आज भी मासूम हैं, बस उनकी जुबान थोड़ी बदतमीज हो गई है।
- कॉमेडी करते समय उतना ही मजाक करना चाहिए, जिसके लिए बाद में माफी न माँगनी पड़े।
- मजाक करते समय एक बात सदा याद रखनी चाहिए कि उससे किसी के मन को ठेस न पहुँचे।
- रात को कॉमेडी करते समय कभी भी ऐसा कुछ न बोलें, जिसके लिए सुबह आपको पछतावा हो।
- कुछ लोगों का मजाक करने का तरीका भी इतना अजीब होता है, जैसेकि वह झगड़ा कर रहा हो।
- कॉमेडी करते समय कभी भी कोई हल्की बात न करें, वरना जमाने के सामने सिर झुकाना पड़ सकता है।

- कॉमेडी करते समय हर बात बहुत सोच-समझकर बोलो, वरना बेवजह लोगों की नराजगी झेलनी पड़ सकती है।
- जरूरत से ज्यादा बोलने वालों को जमाना अधिक पसंद नहीं करता, इसलिए जब भी बोलो, तोल-मोल के बोलो।
- कभी भी किसी कलाकार को जरूरत से ज्यादा नहीं बोलना चाहिए, वरना लोग उतना भी नहीं सुनेंगे, जितने की जरूरत है।
- शब्दों और बातों में सही समय पर थोड़ा फेर-बदल करके बोला जाए तो बहुत ही सहज किस्म का हास्य पैदा किया जा सकता है।
- यह जरूरी नहीं होता कि अनजान लोग ही हमारी कला को न समझें, हमारे घर वाले भी हमारी टाँग खींचने में बहुत माहिर होते हैं।
- पहले जमाने में कहा जाता था कि मुँह सँभालकर बात कर, आजकल हर कोई एक ही बात कहता है कि जरा दूर हटकर बात कर।
- कुछ लोग अगर हमारी कला की कद्र करना नहीं जानते, तो उनसे कुछ भी कहने के बजाय थोड़ी दूरी बना लेना ही ठीक रहता है।
- हर किस्म का मजाक सभी को अच्छा नहीं लगता, इसलिए कुछ भी बोलने से पहले इतना ध्यान जरूर रखें कि कोई बेवजह नाराज न हो।
- भगवान ने जुबान तो सभी को दी है, परंतु कुछ लोग अच्छी बातें करके दूसरों का दिल खुश कर देते हैं और कुछ बेकार का सिरदर्द बन जाते हैं।
- संसार के महान् हास्य कलाकारों के जीवन को देखें तो एक बात समझ आती है कि सभी का अपनी भाषा और जुबान पर पूरा नियंत्रण होता है।
- स्टेज पर कोई भी प्रोग्राम करने से पहले अपनी हर बात को लिखें, अच्छे से बोलें और एडिट करें, जब पूरी तसल्ली हो जाए, तभी उसे पेश करें।

- मजाक बहुत ही सोच-समझकर करना चाहिए, क्योंकि इसी की बदौलत हम किसी के दिल में उतर सकते हैं या हमेशा के लिए दिल से उतर सकते हैं।
- हँसी-मजाक की बात करते समय इस बात का भी पूरा ध्यान रखना जरूरी होता है कि हमारी बात में किसी किस्म का झूठ या बेकार की जानकारी न हो।
- अपनी जुबान से हर शब्द बोलने से पहले इतना जरूर याद रखना चाहिए कि हमारी जीभ में कोई हड्डी नहीं होती, लेकिन यह हमारी सारी हड्डियाँ तुड़वा सकती है।
- आज तक कोई भी विद्वान् किसी को भी काम की बात नहीं समझा सका, क्योंकि जो बात एक व्यक्ति के लिए काम की होती है, वही बात दूसरे इनसान को बेकार लग सकती है।
- कुछ लोग टाइम पास करने के लिए हर समय कुछ-न-कुछ बोलते रहते हैं, यहाँ तक कि उन्हें हर कोई यही समझाता है कि जुबान को कभी-कभी आराम देना भी जरूरी होता है।
- समय बहुत तेजी से बदलता रहता है, इसलिए इधर-उधर की बातें करके किसी का मजाक उड़ाने से पहले हमें यह जरूर सोच लेना चाहिए कि कल यह सबकुछ हमारे साथ भी हो सकता है।

कॉमेडी से कितनी कमाई

कॉमेडी से कितनी कमाई की जा सकती है, इस बात का अंदाजा लगाना हो तो यही कहा जा सकता है कि कामयाब कॉमेडियन की कमाई उसकी कला और टैलेंट पर निर्भर करती है, लोगों के बजट पर नहीं। जो लोग पैसे से पहले अपना सारा ध्यान अपनी कला पर फोकस कर लेते हैं, वे इस लाइन में बेशुमार दौलत कमा सकते हैं। कोई व्यक्ति अपना कारोबार या व्यापार करे, नौकरी करे या कॉमेडी करे, हर किसी का लक्ष्य एक ही होता है कि अधिक-

से-अधिक दौलत कमाकर जिंदगी को सफल बनाया जा सके। ऐसे में अगर कोई व्यक्ति कॉमेडी के क्षेत्र में अपना कॅरियर बनाना चाहता है, तो सबसे पहले यह प्रश्न उठता है कि कहीं यह हमारी जिंदगी को सिर्फ हँसी-मजाक तक तो सीमित नहीं कर देगा, क्योंकि जिंदगी की जरूरतें बातों से नहीं, पैसों से ही पूरी की जा सकती हैं। जिस प्रकार किसी भी कलाकार की कोई फिक्स कमाई नहीं होती, उसी तरह कॉमेडियन की कमाई के बारे में ठीक से अंदाजा तो नहीं लगाया जा सकता।

हास्य कलाकारों की कमाई सिर्फ इस बात पर निर्भर करती है कि उनके पास दूसरों को खुश करने का कितना अच्छा टैलेंट है। सफल कलाकार कभी भी अपनी कीमत नहीं बताते, उनका हुनर ही उनकी असल कीमत बता देता है। इसलिए पैसे पर ध्यान देने के बजाय खुद को काबिल बनाने पर मेहनत करनी चाहिए। हर कलाकार अपनी कला के दम पर अपनी वैल्यू बना सकता है कि कितने लोग उनके काम को दिल से पसंद करते हैं। अगर हम सिर्फ अपने देश के ही कुछ हास्य कलाकारों की बात करें तो वे फिल्मों, टी.वी. और स्टेज शो से लाखों-करोड़ों रुपए कमा रहे हैं। कई कलाकार सोशल मीडिया, यू-ट्यूब से बेशुमार दौलत कमा रहे हैं। इसलिए हम बार-बार यही कहते हैं कि आप भी कमाई से पहले अपनी कला पर फोकस रखें। जैसे ही कला में निखार आना शुरू होगा, कमाई खुद-ब-खुद ही आपके पास आनी शुरू हो जाएगी। यहाँ एक बात जरूर बताना चाहेंगे कि धर्म और ध्यान से अधिक कर्म और ज्ञान के महत्त्व को समझना होगा।

हम जितनी अधिक मेहनत करेंगे, उतना ही अधिक पैसे कमाने के रास्ते खुलते जाते हैं। आइए, अब जानते हैं कॉमेडी और कॉमेडियन से जुड़ी कुछ खास बातें। यह विचार हर हास्य कलाकार के लिए बहुत मददगार साबित हो सकते हैं।

- हास्य कलाकार का हँसमुख स्वभाव उसके हुनर में चार-चाँद लगा सकता है।

- सफल कॉमेडियन बने रहने के लिए हमें खुश रहने का हुनर भी आना चाहिए।
- कामयाब कॉमेडियन बनना है, तो मुश्किलों के दौर में तरीके बदलना लक्ष्य नहीं।
- लगातार अभ्यास और मेहनत ही हमारी कला को जमाने में कारगर सिद्ध होता है।
- सबसे सफल कलाकार कभी भी अपने काम की तारीफ अपने मुँह से नहीं करते।
- कॉमेडी के क्षेत्र में हम आगे तभी बढ़ सकते हैं, जब हम अकेला चलना सीख लेंगे।
- लगातार किए गए छोटे-छोटे प्रयास ही किसी को महान् कलाकार बना सकते हैं।
- जो कलाकार जितना कम बोलता है, लोग उसे सबसे अधिक सुनना पसंद करते हैं।
- कामयाब कॉमेडियन का नजरिया ही उसे सफलता की बुलंदियों तक पहुँचा सकता है।
- काम कोई भी हो, बड़ी सफलता पाने के लिए उम्मीद सिर्फ खुद से रखो, दूसरों से नहीं।
- लोग हमारे बारे में क्या सोचते हैं, यह सोचकर हमें कभी भी परेशान नहीं होना चाहिए।
- मन में जब भी कुछ नया करने का विचार आए, तो कभी भी खुद को नहीं रोकना चाहिए।
- जमाने का दस्तूर है कि समय के साथ हर चीज बदल जाती है, आप खुद को कब बदलोगे।

- हर सफल कलाकार को दिल से चाहने वाले आप और न चाहने वाले अपना बाप समझते हैं।
- आज के दौर में अधिकतर दोस्त साथ निभाने के बजाय समय से पहले ही खुद बदल जाते हैं।
- कॉमेडी में सफल होने के लिए हमें अपने हर दर्द को भुलाकर उसकी कीमत भी चुकानी होगी।
- बड़ी सफलता पानी है, तो जीवन में आने वाली छोटी-मोटी अड़चनों को अनदेखा करना सीख लो।
- दुनिया की बेहतरीन खुशियों का आनंद लेना है, तो हमें हर समय खुश रहने का स्वभाव बनाना होगा।
- दूसरे लोगों को अपनी बातों से प्रभावित करने के लिए हमारा आत्मविश्वास भी अहम रोल निभाता है।
- जब तक हमारा नजरिया सकारात्मक है, उस समय तक दुनिया की हर चीज हमें खूबसूरत ही दिखेगी।
- अगर आज हमें सफलता नहीं मिली, तो डरने की जरूरत नहीं, कल हम फिर से शुरुआत कर सकते हैं।
- कामयाबी बेशक कितनी भी बड़ी क्यों न हो, लेकिन उसका रास्ता हमारे पैरों के नीचे से ही निकलता है।
- जो कामयाबी की राह पर अकेले चलते हैं, न तो कोई उनके आगे और न ही कोई उनके पीछे होता है।
- हाथ में सबसे महँगी घड़ी तभी पहनी जा सकती है, जब हम मुश्किल घड़ियों से गुजरने का साहस रखें।
- अगर आपने सफल कॉमेडियन बनने का सपना देखा है, तो इसे हकीकत में भी आपको ही बदलना होगा।

- हर इनसान से बहुत सोच-समझकर बात करनी चाहिए, क्योंकि शैतान भी इन्हीं के अंदर ही छिपा होता है।
- वास्तविकता के साथ जो कलाकार वास्ता रखता है, उसे जीवन में कभी कोई चीज परेशान नहीं कर सकती।
- एक सफल कॉमेडियन को जो कुछ भी करना होता है, वह सबकुछ अपने अकेले के दम पर ही करना पड़ता है।
- कल क्या होगा, इस बात को भूलकर वर्तमान में ध्यान फोकस करने से कामयाबी काफी जल्द मिल जाती है।
- सफल कलाकार बनने के लिए हमेशा कुछ ऐसा करने की कोशिश करो, जो कुछ आज तक किसी ने न किया हो।
- अपनी कला को इतनी बुलंदियों तक ले जाओ कि कोई भी उस तक आसानी से पहुँचने की हिम्मत न कर सके।
- अधिकतर लोग हमें वही बातें सिखाने की कोशिश करते हैं, जिन पर खुद उन्होंने कभी अमल नहीं किया होता।
- हम कहाँ तक सोच सकते हैं और कहाँ तक पहुँच सकते हैं, यह हमारे सिवाय कोई दूसरा व्यक्ति नहीं जान सकता।
- जो कलाकार अपने काम से अधिक दूसरों के काम की चिंता करते हैं, वो अक्सर दूसरों से बहुत पीछे रह जाते हैं।
- जिस किसी से भी मिलो, इतने प्यार से मिलो कि एक बार मिलने के बाद वह हमेशा के लिए आपका होकर रह जाए।
- बात बेशक हास्य कलाकार बनने की हो, लेकिन कामयाबी तभी मिलती है, जब हम पसीने से नहाना शुरू करते हैं।
- दुनिया वाले हमारे बारे में क्या राय रखते हैं, उनकी इस बात से हमारी राय पर कोई प्रभाव नहीं पड़ना चाहिए।

- अगर कोई व्यक्ति अपनी नौकरी से खुश है, तो उसे कभी भी हास्य कलाकार बनने के बारे में नहीं सोचना चाहिए।
- हास्य के क्षेत्र में जब भी कुछ नया प्रयास करने की कोशिश करोगे, तो लोग खुश होने के बजाय बुराई करने लगेंगे।
- जब हम सफलता के करीब होते हैं, तो बहुत सारे लोग सहारा देने के बजाय टाँग खींचने के लिए तैयार खड़े होते हैं।
- जब तक कामयाबी नहीं मिलती, कभी भी संतुष्ट नहीं होना चाहिए, जब खुश रहना हो, तभी संतुष्ट होना चाहिए।
- हर दिन की शुरुआत हल्के-फुल्के हँसी-मजाक से करनी चाहिए, इससे कामयाबी की राह काफी आसान हो जाती है।
- आज जो कुछ हमारे पास है, उसी से शुरू करना होगा, क्योंकि शुरू में किसी के पास भी सबकुछ अच्छा नहीं होता।
- जिंदगी में जिस लक्ष्य को भी हासिल करना चाहते हो, उसे पाने के लिए एक बार तो पूरी जान लगानी ही पड़ती है।
- आज हमारे जीवन में बेशक कितने भी गम हों, लेकिन कल को यही गम जमाने में खुशियों की महक बिखेर सकते हैं।
- जो कलाकार आज अपने आप को जितना अधिक व्यस्त रखेगा, वह उतना ही आने वाले कल में कामयाब हो सकता है।
- दर्शकों को प्रभावित करने के लिए अपने आसपास के माहौल और विचारों को सदैव सकारत्मक रखने की कोशिश करें।
- कामयाबी के सपने देखना अच्छी बात है, लेकिन वहाँ तक पहुँचने के लिए उनके रास्तों के बारे में खोज करते रहना चाहिए।
- अपनी कला इतनी ऊँचाइयों तक ले जाओ कि आपको लोगों के पीछे नहीं, बल्कि लोगों को आपके पीछे भागना पड़े।

- दूसरों से प्रेरणा लेने के बजाय खुद की सोच इतनी बड़ी कर लो कि हमें फिर किसी और की तरफ देखना ही न पड़े।
- दुनिया तभी तक किसी कलाकार को मान-सम्मान देती है, जब तक वह हर बार दूसरों से कुछ अनूठा करके दिखाता है।
- उन लोगों से कभी भी बहस नहीं करनी चाहिए, जो हर समय, हर बात पर बिना वजह बहस करने के लिए तैयार बैठे हों।
- सफलता की राह में आगे बढ़ने में जिस किसी ने एक पल का भी साथ निभाया हो, उस इनसान को कभी नहीं भूलना चाहिए।
- अक्सर कई लोग हमें ठीक से नहीं समझ पाते, क्योंकि हर किसी की सोच और करिश्मे करने के अंदाज ही अलग होते हैं।
- दूसरे लोग क्या कर रहे हैं, इस बात को भूलकर सिर्फ अपने लक्ष्य पर फोकस करो कि हमारे लिए सबसे बेहतर क्या है।
- अगर हम सफल नहीं हो पा रहे, तो इसमें किसी दूसरे का दोष नहीं, बल्कि कहीं-न-कहीं कमी हमारी हिम्मत और हौसले में रहती है।
- जब तक हम अपने हुनर से करिश्मे नहीं करते, तब तक दुनिया वाले हमें सिर्फ खोटा सिक्का ही समझते रहेंगे।
- अगर कोई हमारे मुँह पर हमारी कमी के बारे में बात कर रहा है, तो हमें समझ लेना चाहिए कि वह इनसान सच बोल रहा है।
- अपनी कमजोरियों को कभी भी दूसरों के सामने मत रखो, इससे हमारी इज्जत बढ़ने के बजाय और कम हो सकती है।
- दुनिया को हँसाकर खुश करने वालों को लोग कुछ भी कहते रहें, लेकिन वे हमेशा अपनी अलग ही दुनिया में खुश रहते हैं।
- यदि हम हर समय अपने मन की बात मानते हैं, तो इसका सीधा सा मतलब यही है कि हम अपने मन के गुलाम बनते जा रहे हैं।

- सुख-दु:ख तो हर किसी की जिंदगी का हिस्सा होते हैं, लेकिन मेहनत के दम पर दु:ख को आसानी से खुशियों में बदला जा सकता है।
- आज के समय में अधिक दौड़-भाग करने के बजाय दिमाग का सही ढंग से इस्तेमाल करने वाले जल्दी कामयाब हो पाते हैं।
- हर कॉमेडियन काम तो अपने लिए ही करता है, लेकिन इसका यह मतलब नहीं होता कि हम दूसरे लोगों की इज्जत ही न करें।
- हर सफल मंजिल का कोई-न-कोई रास्ता जरूर होता है, अब यह हम पर निर्भर करता है कि हम उसे कितनी जल्दी ढूँढ़ सकते हैं।
- अगर आपके पास कुछ अनूठा हुनर है, तो उस पर घमंड करने के बजाय उसके सही ढंग से इस्तेमाल करने के बारे में सोचना चाहिए।
- अपने हुनर को इतना अच्छे से निखारो, ताकि जो भी एक बार मिले, वह यह कहने पर मजबूर हो जाए कि बंदे में कुछ खास ही बात है।
- हमें अपनी कला में इतनी महारत तो जरूर हासिल करनी चाहिए कि हमें आँकने वाले को अपना वजूद ही बचाना मुश्किल हो जाए।
- मन में सदैव यह विश्वास रखो कि आज हम बेशक जैसे भी हैं, लेकिन बहुत जल्द हमारे नाम और काम की तूती सारे जहान में बोलेगी
- कॉमेडी शो करने से पहले हमें खुद से लगातार बात करते रहना चाहिए, घर में अकेले बैठकर इसका अभ्यास किया जा सकता है।
- बिना सिर-पैर की बातों के हम कुछ देर के लिए तो लोगों को खुश कर सकते हैं, लेकिन दर्शकों के दिलों में गहरी छाप नहीं बना सकते।
- आजकल हमारे दर्द को समझने वाले बहुत कम लोग हैं, अधिकतर तो यही देखना चाहते हैं कि हम कहीं खुशी से तो नहीं जी रहे।

- हास्य कलाकारों को हर दिन नए लोगों से मिलना होता है, इसलिए जिससे भी मिलो, बहुत ही प्यार और इज्जत से बात करनी चाहिए।
- जो कुछ हम कर सकते हैं, वो दूसरा कोई नहीं कर सकता, लेकिन जो कुछ दूसरे कर रहे हैं, अगर हम चाहें तो वो सब भी कर सकते हैं।
- अगर किसी कलाकार को कामयाबी की मंजिल का रास्ता ढूँढ़ने से भी नहीं मिल रहा, तो उसे नया रास्ता बनाने के बारे में सोचना चाहिए।
- सफल कलाकार बने रहने के लिए हमेशा दर्शकों की पसंद का ख्याल रखें। वे जैसा देखना और सुनना चाहते हैं, वैसा ही करने की कोशिश करो।
- कमियों से डरने की जरूरत नहीं होती, क्योंकि वह तो हर इनसान के अंदर होती है, लेकिन सफलता सिर्फ हिम्मत और हौसलों से मिलती है।
- हमेशा शोर मचाकर ही नहीं दूसरों को प्रभावित करना चाहिए, हमारी चुप्पी भी दूसरों के दिलो-दिमाग पर बहुत गहरा प्रभाव छोड़ सकती है।
- हास्य कलाकार इस बात को समझते हैं कि किसी इनसान को जानवर कहने से वह नाराज हो सकता है, लेकिन शेर कहने से वह खुश हो जाएगा।
- जिंदगी में सफल होने के लिए सिर्फ दिमाग की सुनो, क्योंकि दिल की तो सिर्फ वही लोग सुनते हैं, जिनका दिमाग उनके काबू में नहीं होता।
- जहाँ तक मुमकिन हो सके चिंता, टेंशन और तनाव को अपने से दूर रखें, क्योंकि एक परेशान कॉमेडियन कभी भी दूसरों को खुश नहीं कर सकता।

- सफल कॉमेडियन कभी भी अपने दु:ख–दर्द दूसरों को नहीं दिखाते, क्योंकि वे जानते हैं कि हर कोई उन पर नमक छिड़कने के लिए तैयार बैठा है।
- जमाना हमारे बारे में क्या सोचता है, इस बात को भूलकर अपने काम में इतनी जान लगा दो, जिसके बारे में जमाने वालों ने कभी सोचा भी न हो।
- बहुत सारे लोग हास्य कलाकारों का मुफ्त में फायदा उठाने की कोशिश करते रहते हैं, इसके लिए हमें हमेशा ही होशियार रहने की जरूरत होती है।
- हास्य कलाकारों को अधिकतर लोग सिर्फ इसलिए पसंद करते हैं, क्योंकि वे जानते हैं कि उनकी बातों से गम और दर्द काफी हद तक कम हो जाते हैं।
- हास्य कलाकारों का अक्सर शुरू में बहुत मजाक उड़ाया जाता है, लेकिन कुछ समय बाद वही लोग हमारा मजाक सुनने के लिए बेकरार हो जाते हैं।
- हमारे सामने बेशक कोई कितना भी बेहतर कलाकार क्यों न हो, उससे डरने के बजाय उससे डटकर मुकाबला करने का जज्बा होना चाहिए।
- एक चींटी भी जब तक अपने लक्ष्य तक नहीं पहुँच जाती, वह हार नहीं मानती। हम तो इनसान हैं, इतनी सी बात समझने वाले सबकुछ हासिल कर सकते हैं।
- पढ़ना–लिखना अच्छी बात है, लेकिन कॉमेडी एक ऐसी कला है, जिसमें बहुत सारे कलाकारों ने बिना किसी डिग्री के भी अपने नाम का सिक्का जमा रखा है।
- लोग हमारे काम और हमारी बातों को कितनी गंभीरता से लेते हैं,

इससे डरने के बजाय हमें अपने आत्मविश्वास को बढ़ाने के लिए प्रयास करना चाहिए।

- यह सच है कि कामयाब लोगों की वजह से जमाना चलता, वे जमाने के मोहताज नहीं होते हैं, लेकिन इस बात को लेकर मन में कभी अहंकार नहीं करना चाहिए।
- अगर हमें स्टेज पर या कैमरे के सामने बोलने से डर लगता है, तो इसके लिए सबसे पहले कम्युनिकेशन स्किल—बातचीत की कला को सुधारने की जरूरत है।
- एक कॉमेडियन के पास बेशक बड़ी डिग्रियाँ तो नहीं होतीं, लेकिन वे फिर भी दूसरे लोगों से अच्छा कॅरियर बनाकर अपना और परिवार का नाम रोशन कर देते हैं।
- जिस प्रकार औजारों को इस्तेमाल करने से पहले उनमें धार लगानी जरूरी होती है, ठीक उसी तरह हमें हर दिन अपने दिमाग को तेज करने की कोशिश जारी रखनी चाहिए।
- सफल कलाकार अपनी सोच को इतना मजबूत रखते हैं कि जो हवा में उड़ रहे हैं, उन्हें उड़ने देते हैं, क्योंकि वे जानते हैं कि समय आने पर वे उनके सामने चल भी नहीं पाएँगे।
- शुरुआती दौर में तो हर किसी को वक्त के बहुत सारे थपेड़े सहने पड़ते हैं, लेकिन समय के साथ खुद को इतना मजबूत बना लो कि कोई आँख उठा कर देखने की हिम्मत भी न कर सके।

5

अंदाज अपना-अपना

एक बात तो हर कोई जानता है कि असल हमेशा असल ही होता है और नकली हमेशा नकली ही रहता है। यही बात कॉमेडी पर भी बिल्कुल सटीक बैठती है। जो लोग अपना कॅरियर एक अलग अंदाज से शुरू करते हैं, वही जिंदगी में करिश्मे कर पाते हैं। अब अगर हमारा अंदाज दूसरों से बिल्कुल अलग हटकर है तो फिर अपनी कला को दुनिया के सामने दिखाना और भी आसान हो जाता है। इसलिए हम बेशक किसी तरह की कॉमेडी करें, हमें उसमें हमेशा कुछ नवीनता और अनूठापन लाने का प्रयास करते रहना चाहिए। आमतौर पर किसी भी व्यक्ति को जब स्टेज पर बोलने के लिए कहा जाता है, तो उसका पहला जवाब यही होता है कि मेरी आवाज ठीक नहीं है। सिंगर बनने के लिए अच्छी मधुर आवाज का होना जरूरी होता है, लेकिन कॉमेडियन बनने के लिए ऐसा जरूरी नहीं होता, लेकिन मजाक और माहौल के मुताबिक आवाज में थोड़ा उतार-चढ़ाव, विविधता बहुत अहम भूमिका निभाती है। कई बार तो कुछ बोलने के बजाय कुछ क्षण चुप रहकर बढ़िया हास्य पैदा किया जा सकता है। इसके अलावा हमारे चेहरे की मुस्कराहट भी दर्शकों को गुदगुदाने पर मजबूर कर देती है।

कॉमेडी में आवाज से अधिक हमें अपने टॉपिक पर मेहनत करने की जरूरत होती है। कहने का भाव सिर्फ इतना है कि लोग पुराने जोक्स सुनना पसंद नहीं करते, इसलिए हमें हर बार यही कोशिश करनी चाहिए कि किसी

नए विषय को लेकर मजाक बनाया जाए। हमारे देश के नेता इस काम में हमारी बहुत मदद कर देते हैं। लालू प्रसाद यादव जब रेलमंत्री थे, तो तकरीबन हर हास्य कलाकार ने उनकी किसी-न-किसी बात को लेकर खूब मजाक लिखे और सुनाए। आजकल गप्पू नाम के एक नेता तो हर दिन हास्य कलाकारों को बिल्कुल मुफ्त में हँसी का खजाना दे रहे हैं। इन सभी विषयों पर कॉमेडी करने के लिए हमें आए दिन अखबार, मैगजीन पढ़ने के साथ टी.वी. भी लगातार देखते रहना चाहिए, तभी हम लोगों का मनोरंजन ठीक तरह से कर पाएँगे। अब अगर आप कॉमेडी की वीडियो बना रहे हैं, तो उसके लिए एक अच्छे माइक का होना जरूरी होता है, ताकि हमारी वीडियो को देखने वालों को हमारी बात अच्छे से समझ आ सके। आवाज इतनी साफ होनी चाहिए कि सुनने वालों को जोर न लगाना पड़े कि आखिर हम कहना क्या चाह रहे हैं। हमारे दोस्त भी लोग हैं, रिश्तेदार भी लोग हैं, जिनसे हम सामान खरीदते या बेचते हैं, वे भी लोग ही हैं, इसलिए जिसने लोगों को खुश करना सीख लिया, उसे कॉमेडी किंग बनने से कोई नहीं रोक सकता। अगर कॉमेडी के अलग-अलग अंदाज की बात करें तो इनमें कुछ मुख्य इस प्रकार हैं—

- खुशी का इजहार करना।
- कामयाबी पर खुश होना।
- बेकाबू होकर हँसना या हँसाना।
- किसी मजाक पर मजाक बना देना।
- अनजाने में हुई किसी की गलती पर खिल्ली उड़ाना।
- किसी करीबी को थोड़ा परेशान करके मजाक करना।
- अपनी कॉमेडी बेहतर कर लो, कॉमेडियन खुद ही बेहतरीन बन जाओगे।
- जो इनसान खुश और शांत रहना जानता है, वह सबकुछ हासिल कर सकता है।

- एक बार खुश रहना सीख लो, खुशियाँ तो झख मार कर खुद आपके पीछे आएँगी।
- अपने मन को काबू में रखना सीख लो, बाकी रास्ते खुद-ब-खुद ही सही हो जाएँगे।
- जितना लोगों की बातों का बुरा मानोगे, उतना तुम्हारी जिंदगी तुमसे बुरी बन जाएगी।
- खुशी मन के अंदर की बात है, इसे कभी भी बाहर ढूँढ़ने की कोशिश नहीं करनी चाहिए।
- अगर कोई आपसे कहे कि आपकी तारीफ तो साफ कह देना कि रहने दो तुमसे होगी नहीं।
- कुछ लोगों की जुबान तो सारा दिन चलती है, लेकिन जोक्स सुनाने से न जाने क्यों घबराते हैं।
- हँसते-खेलते वक्त के साथ हर दिन आगे बढ़ते रहो, कामयाबी खुद ही आपके पास आ जाएगी।
- खुशी का कोई ठिकाना नहीं होता, जहाँ चार यार मिल जाएँ, वहीं खुशी का ठेका खुल जाता है।
- कॉमेडी में अपनी अलग पहचान बनाना चाहते हो तो अपनी सोच दूसरों से बिल्कुल अलग रखो।
- आप अपने आप में बहुत खास हैं, इसलिए कभी भी दूसरों की तरह बनने की कोशिश मत करो।
- मैं भी जिंदगी में बहुत-कुछ करना चाहता हूँ, लेकिन मुझे नींद के सिवाय कुछ और आता ही नहीं।
- हमारा हुनर, हमारी शैली ऐसी होनी चाहिए कि उस पर किसी भी ऐरे-गेरे का प्रभाव न पड़ सके।

- कुछ लोग अपना हर कर्म इतने अजीब ढंग से करते हैं कि उनका कर्म, कांड बनकर रह जाता है।
- सफल कॉमेडियन हर बार कुछ ऐसा अनूठा जरूर करते हैं, जो कुछ आज तक किसी ने न किया हो।
- यदि हम खुद से सच बोलना शुरू कर दें, तो जिंदगी को हँसते-खेलते आसानी से जीया जा सकता है।
- हम खुद को बेशक कितना भी अच्छा कलाकार क्यों न समझें, लेकिन दूसरों को कभी भी कम नहीं आँकना चाहिए।
- कॉमेडी करने का नजरिया बिल्कुल साफ होता है कि हमें हमारे सिवाय कोई दूसरा व्यक्ति खुश नहीं रख सकता।
- कामयाब कॉमेडियन बनना है, तो सबसे पहले अपने बेकार के दोस्तों को ब्लॉक करो और अपने जोक्स पर ध्यान दो।
- कामयाब होने के लिए यह जरूरी नहीं कि आप डॉक्टर या सरकारी अफसर ही बनें, आप कॉमेडियन भी बन सकते हैं।
- कॉमेडी एक ऐसी कला है, जिसमें अच्छी कमाई के साथ देश-विदेश में घूमने के भी बहुत सारे मौके मुफ्त में मिल जाते हैं।
- सफल कॉमेडियन बने रहने के लिए सीधा-सरल फॉर्मूला है कि कभी भी किसी को अपने राज और सही उम्र मत बताओ।
- कोशिश करने वालों की कभी हार नहीं होती, वे पैदल ही चल देते हैं, लोगों को हँसाने के लिए जिनके पास कार नहीं होती।
- कोई भी खुशी या गम छोटा-बड़ा नहीं होता, यह सबकुछ हमारे नजरिए पर निर्भर करता है कि हम उसे कैसे देखते हैं।
- जिंदगी सच में बहुत मजेदार है, बस उसके लिए जरूरत होती है कि थोड़ा समय निकालकर उसका आनंद उठाया जाए।

- कॉमेडी हँसी-मजाक का विषय जरूर है, लेकिन इसमें भी महारत हासिल करने के लिए खूब मेहनत करनी पड़ती है।
- कॉमेडी में कॅरियर बनाना है तो अपने दम पर बनाओ, क्योंकि दूसरे लोग तो सारी उम्र तुम्हारी कमियाँ ही निकालते रहेंगे।
- जीवन में आने वाली परेशानियाँ हमें दु:ख तो जरूर देती हैं, लेकिन सफल कॉमेडियन उसमें से भी हँसी तलाश लेते हैं।
- कई लोग हर बात के बारे में जरूरत से अधिक सोचते हैं, उन्हें लगता है कि उनके पास अभी हँसने के लिए बहुत समय बाकी हैं।
- दुनिया में आए हो तो चिंता करने की जरूरत नहीं, मौज-मस्ती से जियो, क्योंकि कोई पता नहीं भगवान कब डिनर पर बुला ले।
- कॉमेडियन कितना भी बड़ा क्यों न हो, सम्मान सिर्फ उसकी कला का होता है, उसे कभी भी अपना समझने की भूल नहीं करनी चाहिए।
- हमारी कॉमेडी हमेशा किसी की हँसी का कारण तो बने, लेकिन कभी भी किसी का दु:ख हमारी हँसी का कारण नहीं बनना चाहिए।
- खुशहाल जीवन जीने के लिए हमें दु:ख और परेशानियों को भूलकर सदा ही सुख, आनंद और शांति जैसे विचारों पर विचार करना चाहिए।
- कॉमेडी से जुड़ी किसी भी लाइन में काम करने का एक फायदा यह भी है कि इसमें आपको समय के अलावा कुछ भी निवेश नहीं करना पड़ता।
- हमारे देश में लोग पढ़ाई-लिखाई तो बहुत करने लगे हैं, लेकिन न जाने वो अपना 'वोट' अभी भी अनपढ़-गँवार लोगों को ही क्यों डालते हैं।
- कुछ लोग डॉक्टर, इंजीनियर आदि बनने का सपना देखते हैं तो कई

लोग 'बेशर्म' होकर बिना कुछ भी किए जिंदगी गुजारने में विश्वास रखते हैं।

- पुराने जमाने में एक-दूसरे से दिल लगाने पर लोग गुमसुम रहने लगते थे, आजकल छोटी सी बात को दिल पर लगाकर हँसना ही भूल जाते हैं।
- आजकल की पीढ़ी आलसी होने में इसलिए विश्वास करती है, क्योंकि उनका मानना है कि मेहनत करके आदमी को गधों की तरह जीना पड़ता है।
- एक डॉक्टर दिल का ऑपरेशन करते समय जोर से हँसने लगा, जब नर्स ने कारण पूछा तो उसने कहा कि जिंदगी में पहली बार दिल खोलकर हँसने का मौका मिला है।
- जो लोग जिंदगी को दिल से जीते हैं, उन्हें हर जगह खुशी ही दिखाई देती है और जो जरूरत से अधिक हर बात में दिमाग लगाते हैं, उन्हें दुःख और तकलीफें ही दिखाई देती हैं।
- हास्य से जुड़ी कला जैसे—कॉमेडियन, हास्य कलाकार, लाफ्टर चैंपियन आदि को कॅरियर के रूप में अपनाने वाले लोकप्रियता तो हासिल करते ही हैं, साथ में खूब पैसा भी कमा पाते हैं।

6

कॉमेडी में कॅरियर कैसे बनाएँ

कॉमेडी के क्षेत्र में कॅरियर बनाने के हमेशा से ही बहुत मौके रहे हैं। बात चाहे टी.वी., फिल्मों की हो या स्टेज पर किसी प्रोग्राम की। हास्य के बिना कोई भी कार्यक्रम सफल नहीं हो पाता। आजकल तो लोग कॉमेडी को अपना कॅरियर बनाकर बहुत अच्छी कमाई कर रहे हैं। अगर कॉमेडी को फुल टाइम कॅरियर बनाना है, तो इसके लिए मेहनत से पहले क्रिएटिविटी की जरूरत होती है। हमारे पास जितने अधिक रचनात्मक विचार होंगे, हम उतनी ही अच्छी कॉमेडी कर पाएँगे। क्रिएटिविटी को बढ़ाने का एक सरल सा तरीका यही है कि इसका अधिक-से-अधिक इस्तेमाल किया जाए। हर छोटी-बड़ी बात को बहुत गहराई से समझना और उसमें हास्य के पुट को जोड़ने में महारत हासिल करनी होगी।

हम चाहे कॉमेडी की वीडियो बनाएँ या स्टेज पर बोलकर लोगों को हँसाना हो, हमें इस बात का पूरा ध्यान रखना चाहिए कि हमारे दर्शक कौन हैं? क्या वे युवा स्कूल-कॉलेज के छात्र हैं या हम किसी बड़ी पार्टी में अपनी बात रख रहे हैं? इससे हमें उनके मूड और रुचि का काफी हद तक अंदाजा हो जाता है। माहौल के मुताबिक विषय पर बात करने से महफिल में एक अलग किस्म का ही रंग जम जाता है। इतना सबकुछ करने से पहले हमें खुद को इस बात के लिए भी तैयार करना होगा कि हम अपनी बात पूरे आत्मविश्वास के साथ कह सकें। क्योंकि कई बार हम कहना तो कुछ चाहते हैं, लेकिन हड़बड़ी में

कुछ और ही बोल जाते हैं। ऐसे में जहाँ हम दूसरों के साथ मजाक करने आए थे, वहीं खुद का मजाक बन सकता है।

आप भी एक कामयाब हास्य कलाकार बन सकते हैं, यह बात हम इसलिए कह रहे हैं, क्योंकि हँसी-खुशी हम सभी के स्वभाव का हिस्सा है। सिर्फ जरूरत है कि हम अपने इस हुनर को ठीक पहचानकर उसे निपुणता से निखारने का प्रयास करें। आप भी कॉमेडियन बनना चाहते हैं, तो सबसे पहले खुद को जानो और पहचानो। ठीक से अपना लक्ष्य तय करने के बाद ही कदम आगे बढ़ाओ। अपने आप से यह सवाल जरूर पूछो कि क्या मैं सच में कॉमेडियन बनना चाहता हूँ? क्या मैं एक सफल कॉमेडियन बन सकता हूँ? इसके बाद खुद से यह वादा करो कि अब मैं सबसे कामयाब कॉमेडियन बनकर दिखाऊँगा।

- सफल कॉमेडियन न तो किसी के अभाव में और न ही किसी के प्रभाव में जीते हैं।
- कभी भी किसी दूसरे व्यक्ति का मजाक उड़ाकर हास्य पैदा नहीं किया जा सकता।
- कभी भी सुने-सुनाए मजाक को न दोहराएँ, इससे लोग बहुत जल्दी बोर होने लगते हैं।
- कोई भी कलाकार तभी सफल हो पाता है, जब वह हर मौके पर चौका मारना जानता हो।
- सर्वश्रेष्ठ कॉमेडियन बने रहने के लिए हमें अपने समय का सदैव ही सदुपयोग करना चाहिए।
- अपनी जिंदगी से जुड़े खट्टे-मीठे अनुभवों से बहुत बढ़िया हँसी का खजाना पैदा किया जा सकता है।
- अपने आत्मविश्वास को बनाए रखने के लिए हमें लगातार अभ्यास और प्रयास करना पड़ता है।

- हम अपनी खुद की कॉमेडी वीडियो या शो बनाकर भी उससे अच्छी-खासी कमाई कर सकते हैं।
- कामयाब कलाकार को दूसरों की बातों से अधिक अपनी क्षमता पर अधिक विश्वास रखना चाहिए।
- कॉमेडी को अच्छे से समझने के लिए अधिक-से-अधिक फनी फिल्में, टी.वी. शो देखते रहना चाहिए।
- आजकल बड़े किस्से सुनाने के बजाय हँसी-मजाक की छोटी बातों को लोग अधिक पसंद करते हैं।
- अखबार, मैगजीन या किसी भी कार्यक्रम के लिए हँसी-मजाक लिखकर शुरुआत की जा सकती है।
- सफल कॉमेडियन को अपनी चिंता और दु:खों को भुलाकर दूसरों की झोली खुशियों से भरनी होती है।
- हास्य से जुड़े कलाकारों को जब भी कोई मौका मिलता है, तो वे तुरंत ही उसका फायदा उठा लेते हैं।
- हास्य कलाकार बनने के लिए हमेशा सहज स्वभाव में रहते हुए अपनी बात कहने की कोशिश करनी चाहिए।
- हँसी-मजाक के बड़े टी.वी. शो वाले भी बहुत सारे हास्य कलाकारों को मौका देने के साथ खूब पैसा भी देते हैं।
- हर दिन सोशल मीडिया पर कुछ-न-कुछ ऐसी बात जरूर लिखें, जिससे लोग हमेशा हमारी बातों को याद रख सकें।
- जब भी हँसी-मजाक की बात करें, तो एक बात का ध्यान रखें कि हमारे मजाक से कभी भी किसी का दिल न दुखे।
- खुशी भी क्या कमाल की चीज है, कुछ लोगों के आने से खुशियाँ आती हैं, तो कुछ लोगों के जाने से खुशियाँ आती हैं।
- एक बार जब कॉमेडियन बनने के बारे में सोच लिया, तो फिर हर

दिन हमें इसमें कुछ नए प्रयोग करते रहना चाहिए।

- एक ही मजाक को बार-बार बोलने से बचना चाहिए, क्योंकि इससे दर्शक या श्रोता खुश होने के बजाय चिढ़ने लगते हैं।
- आप एक अच्छे हास्य कलाकार हैं, लेकिन एक बात हमेशा याद रखो कि आप अभी भी इससे और बेहतर बन सकते हैं।
- कामयाब कॉमेडियन को अपनी मजाकिया बातों के साथ अपने खानपान और सेहत का भी पूरा ध्यान रखना चाहिए।
- किसी हास्य कलाकार को कितनी भी बड़ी कामयाबी मिल जाए, लेकिन उसे अहंकार से सदा ही बचना चाहिए।
- जो लोग अपने शरीर का ठीक से ध्यान नहीं रखते, वे हास्य के सभी गुण होने के बावजूद भी कामयाब नहीं हो पाते।
- पुराने महान् हास्य कलाकारों के बारे में जानकारी एकत्र करके सोशल मीडिया पर ब्लॉग या व्लॉग बना सकते हैं।
- सफल कलाकार अपनी कला के साथ अपने समय का भी पूरा ध्यान रखते हैं कि किस काम को कितना समय देना है।
- आम जिंदगी में हर इनसान परेशान है, सिर्फ वही लोग खुश रह पाते हैं, जो अपनी सोच और विचारों पर नियंत्रण रख पाते हैं।
- हमें अपने विचार सदा ही सकारात्मक रखने चाहिए, क्योंकि एक नकारात्मक विचार हमारे कॅरियर को बर्बाद कर सकता है।
- कॉमेडी के जौहर दिखाकर कोई भी कलाकार नाम, शोहरत के साथ अपने बैंक बैलेंस को भी बहुत जल्द बढ़ा सकता है।
- अपने साथ कुछ दोस्त ऐसे जरूर रखें, जो आपसे अच्छे कॉमेडियन हों, इससे आपको अपना हुनर निखारने में बहुत मदद मिलेगी।
- जब तक हम अपने स्वभाव को अच्छे से हास्य के साथ नहीं जोड़ लेते, उस समय कामयाब कॉमेडियन बनना मुश्किल होता है।

- कामयाब कॉमेडियन बार–बार अपने मन को यह बताते रहते हैं कि मैं अच्छा तो हूँ, लेकिन अभी मुझे और अधिक अच्छा बनना है।
- सफल हास्य कलाकार कुछ ऐसे जोक्स हमेशा याद रखते हैं, जो किसी भी मौके पर आसानी से सुनाकर वाह–वाही लूट लेते हैं।
- हम समय को बाँधकर तो नहीं रख सकते, लेकिन उसका सही ढंग से इस्तेमाल करके कामयाबी जरूर हासिल कर सकते हैं।
- परिवार, दोस्तों के बीच जब भी बोलने का मौका देखें, तो उसका तुरंत फायदा उठाएँ और कुछ फनी बात करके सभी का दिल जीत लें।
- परिवार–दोस्तों के बीच तो हर कोई मजाक कर लेता है, परंतु सफल कॉमेडियन अनगिनत लोगों के जीवन को खुशियों से भर सकता है।
- भगवान ने हमें अच्छे–बुरे का फर्क समझने के लिए बुद्धि दी है, इसलिए कुछ भी बोलने से पहले उसे मन में तोल लेना अच्छा होता है।
- कई बार दर्शकों के साथ मिलकर हँसने से हँसी के प्रोग्राम में और अधिक मजा आ जाता है, लेकिन यह बात हर बार काम नहीं करती।
- सफल कलाकार बनने के लिए दुनिया की चकाचौंध से हटकर हर दिन कुछ समय अपने साथ जरूर बिताने की कोशिश करनी चाहिए।
- हास्य के क्षेत्र में जब कामयाबी आपके कदम चूमने लगे, उस समय भी आपको अपनी सेहत, नींद और आराम का पूरा ध्यान रखना चाहिए।
- हास्य कलाकार के जीवन में बहुत सारी बाधाएँ आती रहती हैं, लेकिन थोड़ा सा धैर्य हमारी यह सारी परेशानियाँ दूर कर सकता है।
- सफल कॉमेडियन बनने के लिए खुद को समझने के साथ महान् हास्य कलाकारों की जिंदगी को भी जानने की कोशिश करते रहना चाहिए।

- हर कलाकार को यह भी याद रखना चाहिए कि किसी भी कार्यक्षेत्र में सफल होने के लिए हमें कठिन परिश्रम और शक्ति की जरूरत होती है।
- हल्के–फुल्के हँसी–मजाक करना एक बात है, लेकिन अगर कॉमेडियन बनने की सोच रहे हो, तो अपने इस गुण को जुनून में बदलना होगा।
- किसी भी कार्यक्रम के लिए हम जब भी मजाक लिखें, तो हमें पहले यह देख लेना चाहिए कि क्या हमें इन बातों पर हँसी आ रही है या नहीं।
- हमारा अवचेतन मन हमारी बात को ग्रहण करता रहता है, इसीलिए हमारा व्यक्तित्व वैसा ही बन जाता है, जैसाकि हम हर समय सोचते हैं।
- हर कलाकार को यह भी ध्यान रखना चाहिए कि मजाक में भी कही गई नकारात्मक बातें हमारे अवचेतन मन में अपना पक्का घर बना लेती हैं।
- छोटी–मोटी परेशानियाँ तो हर किसी की जिंदगी में आती ही रहती हैं, लेकिन हास्य कलाकार उनके बारे में कभी भी जरूरत से अधिक नहीं सोचते।
- हमारे पास बेशक कितने भी विषयों के बारे में जानकारी क्यों न हो, लेकिन कॉमेडियन बनने के लिए हमें बिल्कुल जीरो से शुरुआत करनी होगी।
- कामयाब कॉमेडियन बनना हो, तो घर में अपनी शक्ति और समय कभी बर्बाद मत करना, क्योंकि परेशान मन से हम दूसरों को कभी खुश नहीं कर सकते।
- दु:ख–दर्द तो हर इनसान के जीवन का हिस्सा है, लेकिन सफल

कॉमेडियन को इस दलदल से निकलकर दुनिया के चेहरे पर मुस्कराहट लानी पड़ती है।

- कामयाब कॉमेडियन बनने से पहले बहुत ही सावधानी से अपना मनोविश्लेषण करना चाहिए कि क्या मेरे अंदर हास्य कलाकार बनने के सभी गुण हैं या नहीं।
- यदि आपके अंदर कॉमेडियन बनने का कीड़ा जाग चुका है, तो यह काम आज से ही शुरू कर दें, क्योंकि कल का कोई भरोसा नहीं कि कल हो या न हो।
- सफल कॉमेडियन कोई भी प्रोग्राम करते समय इस बात का पूरा ध्यान रखते हैं कि किस बात पर ध्यान लगाना है और किस बात को अनदेखा करना है।
- स्टेज पर कोई भी प्रोग्राम करने से पहले हमें उसे अपने फोन में 2-3 बार रिकॉर्ड करके जरूर सुन लेना चाहिए, ताकि अपनी कमियों में सुधार किया जा सके।
- कई बार कोई मजाक होता तो साधारण सा ही है, लेकिन एक अच्छा कॉमेडियन उसे इतने प्रभावशाली ढंग से कहता है कि सामने वाले अपनी हँसी काबू में नहीं रख पाते।
- अखबार, मैगजीन या सोशल मीडिया पर हँसी-मजाक, जोक्स को ध्यान से सुनें। उन्हें अच्छे से याद करके अपने दोस्तों को सुनाएँ, इससे आपका आत्मविश्वास बढ़ेगा।
- कभी-कभी दर्शकों को अपनी बात में शामिल करने से भी माहौल खुशनुमा बन जाता है, लेकिन इस बात का ध्यान रखना भी जरूरी है कि हम अपनी बात से भटक न जाएँ।
- अगर आप भी दोस्तों के बीच मजाक-मस्ती करने का शौक रखते हो तो आप पार्ट टाइम कॉमेडी में अपना कॅरियर शुरू करके अपनी

कमाई में बढ़ोतरी कर सकते हो।

- आप कॉमेडी के कितने भी बड़े मुकाम तक जाना चाहते हो, वहाँ तक पहुँच सकते हो, लेकिन उसके लिए बड़ी-बड़ी छलाँगें नहीं बल्कि छोटे-छोटे कदमों से ही पहुँचा जाता है।
- हँसी-मजाक से हर किसी को थोड़ी-बहुत खुशी तो मिलती है, लेकिन एक कामयाब कॉमेडियन उसी बात में चार-चाँद लगाकर महफिल में अलग ही रंग जमा सकता है।
- किसी भी कार्यक्रम को जितने जोश के साथ शुरू करो, उसका अंत भी उतने ही जोश के साथ होना चाहिए, ताकि लोग लंबे समय तक हमारी खुशनुमा बातों को याद रख सकें।
- कोई भी आईना कभी झूठ नहीं बोलता, आप अगर कॉमेडियन बनना चाहते हो, तो बेहतर यही है कि आईने के सामने अभ्यास करो, वह आपको आपकी हर कमजोरी के बारे में बिल्कुल सच बताएगा।
- हास्य की कला को लगातार निखारते रहने के लिए हमें अपने पास हर समय कोई नोटपेड जरूर रखना चाहिए, क्योंकि बहुत सारी अच्छी मजाक की बातें अक्सर बाद में याद नहीं रहतीं।
- जहाँ तक मुमकिन हो सके, दूसरे हास्य कलाकारों के साथ दोस्ती बनाकर रखें, इससे एक तो हर समय खुशनुमा माहौल बना रहता है और दूसरा काम के अनेक मौके भी मिलने लगते हैं।
- कामयाब कॉमेडियन की एक खासयित यह भी होती है कि वे टी.वी., फिल्में, सीरियल आदि बहुत गौर से देखते हैं। वे ऐसा इसलिए करते हैं, ताकि वे दूसरे कलाकारों के हावभाव को गहराई से समझ सकें।

7

कॉमेडियन बनने के खास टिप्स

कॉमेडी के क्षेत्र में कॅरियर बनाने से पहले हमें एक और बात अच्छी तरह से जाननी होगी कि असल में कॉमेडी में कहाँ और कितना स्कोप है? कौन लोग कॉमेडी कर सकते हैं? कॉमेडियन बनने के लिए किस प्रकार की पढ़ाई, जानकारी या हुनर का होना जरूरी होता है? कॉमेडी से क्या हम इतनी कमाई कर पाएँगे, जिससे हम अच्छा जीवन गुजार सकें? किसी भी हास्य कलाकार को कॉमेडी करते हुए हमें यह महसूस होता है कि यह तो बहुत आसान है। यह काम तो कोई भी कर सकता है, लेकिन मसखरी करना और खास किस्म की कॉमेडी करने में बहुत फर्क होता है। अगर सच कहें, तो जितनी मेहनत दूसरी किसी भी कला को सीखने में लगती है, उससे कहीं अधिक मेहनत कॉमेडियन बनने में लगानी पड़ती है। इसके बावजूद भी मन में एक भय बना रहता है कि पता नहीं किसी को हमारे मजाक पसंद आएँगे भी नहीं, हम समाज में कोई अच्छा स्टेटस बना पाएँगे।

असल में आजकल लोगों में धैर्य की बहुत कमी होती जा रही है। कुछ लोग हर छोटी-बड़ी बात को बेवजह मुद्दा बनाकर सारा खेल बिगाड़ देते हैं। इसलिए अगर आपने हास्य कलाकार बनने की ठान ही ली है, तो यह मानकर चलो कि इस तरह की छोटी-बड़ी अड़चनें तो हर दिन आती ही रहेंगी। वैसे भी चुनौतियाँ सिर्फ जिंदा लोगों के जीवन में ही आती है, मुर्दों के लिए तो लोग खुद ही रास्ता छोड़ देते हैं। इन बातों को ध्यान में

रखते हुए हमें खुद को इतना मजबूत बनाना होगा कि कोई भी परेशानी हमारी सोच को प्रभावित न कर सके, वरन खेल शुरू होने से पहले ही खत्म हो सकता है।

जिस प्रकार दूसरा कोई भी काम करते समय हम बहुत सावधान रहते है, उसी तरह कॉमेडी की बात लिखते और बोलते समय भी हमें चौकन्ना रहने की जरूरत होती है। वैसे भी सभी लोग एक जैसे नहीं होते, कभी-कभार कोई इक्का-दुक्का इनसान ही ऐसा व्यवहार करते हैं। जिस प्रकार समुद्र में लहरें उठती-गिरती रहती हैं, उसी तरह हमारे जीवन में भी ऐसे चंद पल आते तो हैं, लेकिन कुछ ही देर में सबकुछ ठीक हो ही जाता है। हमें अपनी तरफ से कभी भी बात का बतगंड़ नहीं बनाना चाहिए। अगर हमने कॉमेडी को अपना सबकुछ माना है, तो फिर हमारा धर्म सिर्फ हँसी-खुशी बाँटना ही होना चाहिए।

- हँसी-खुशी दुनिया का सबसे महँगा और अनमोल तोहफा है।
- हास्य कलाकार को अपना लहजा सदा ही सरल रखना चाहिए।
- कई बार थोड़ा सा पागलपन भी बहुत बढ़िया खुशियाँ दे जाता है।
- हम लाख चाहकर भी हास्य के बिना जीवन को नहीं निखार सकते।
- अच्छे कॉमेडियन छोटी-छोटी बातों में बड़ी-बड़ी खुशियाँ ढूँढ़ लेते हैं।
- सफल हास्य कलाकार समय से बहुत आगे की सोच पर काम करते हैं।
- कॉमेडी एक ऐसी कला है, जो हमें खुशी-खुशी जीवन जीना सिखाती है।
- सफल कलाकार अपने अंदर हास्य की चिनगारी को सदैव जलाए रखते हैं।

- हँसी-मजाक के बिना इस दुनिया में जिंदगी बिल्कुल एकदम अधूरी सी लगती है।
- महान् कॉमेडियन बनने के लिए हमें सबसे पहले खुद पर हँसना आना चाहिए।
- कॉमेडी शुरू करने से पहले हमें यह मानना होगा कि यह एक गंभीर विषय है।
- आपकी जिंदगी उतनी ही खुशहाल बनेगी, जितनी खुशी आपकी सोच में होगी।
- हमारे हुनर से ही हमारी पहचान है, वरन हमारे जैसे नाम के हजारों इनसान हैं।
- अगर हमारे मजाक दूसरों को हँसा नहीं सकते, तो वह मजाक नहीं हो सकते।
- एक छोटा सा मजाक महफिल में बैठे सभी लोगों के चेहरे पर चमक ला सकता है।
- कामयाब कॉमेडियन की पहचान सिर्फ उसकी कॉमेडी करने की कला से ही बनती है।
- काम कोई भी हो, जब तक हम उसे आसान नहीं समझेंगे, वह कभी आसान होगा ही नहीं।
- दूसरे लोगों का मजाक उड़ाने से पहले, खुद में मजाक सहने की हिम्मत होनी चाहिए।
- कामयाब कॉमेडियन अपने हाथ-पैर चलाने के बजाय अपना दिमाग अधिक चलाते हैं।
- लोग कुछ भी कहते रहें, लेकिन आपका जुनून आपको महान् कलाकार बना सकता है।

- हमारी सोच और कला मिलकर एक पत्थर में से भी भगवान को प्रकट कर सकती हैं।
- कभी भी सस्ती लोकप्रियता हासिल करने के लिए किसी धर्म, जाति का मजाक न बनाएँ।
- सफल कॉमेडियन बनने से पहले कॉमेडी को दिल से समझो और उसे सच्चा प्यार करो।
- कोशिश करके हाजिर-जवाबी के हर मौके का फायदा उठाने की कोशिश करनी चाहिए।
- हर कॉमेडियन सबसे पहले वहीं से कॉमेडी शुरू करता है, जो वह असल जीवन में होता है।
- जिन लोगों का पढ़ाई से 36 का आँकड़ा है, वे भी कॉमेडी की मदद से हीरो बन सकते हैं।
- कॉमेडियन बनना है तो दिल को मजबूत रखो, वरना दुनिया वाले तोड़ने में देर नहीं लगाते।
- असली खुशी का आनंद सिर्फ वही लोग ले पाते हैं, जो वर्तमान में जीने का हुनर जानते हैं।
- महान् कॉमेडियन बनने के लिए दो-चार साल नहीं, बल्कि कई बार सारी उम्र लग जाती है।
- एक बार अगर आपने कॉमेडी शुरू कर दी, तो फिर सारा जीवन उसे कभी छोड़ नहीं पाओगे।
- अगर आसमान छूने की सोच रहे हो, तो फिर सिर्फ जमीनी मेहनत करने से काम नहीं बनेगा।
- कॉमेडी एक प्रकार का नशा है, जितना इसके साथ जियोगे, उतनी ही अधिक खुशियाँ पाओगे।

- कुछ ऐक्टर बहुत अच्छे कलाकार होते हैं, लेकिन ध्यान रखे, हर कलाकार हास्य कलाकार नहीं बन सकता।
- अपनी बात हमेशा इतने प्रभावशाली तरीके से कहो कि कोई चाहकर भी अनदेखा न कर पाए।
- कला कोई भी हो, आज के दौर में उसे बेच और खरीदकर अच्छा व्यापार किया जा सकता है।
- अगर हमें मूर्खता भरे जवाब अच्छे नहीं लगते, तो हमें बेवकूफियों भरे सवाल भी नहीं करने चाहिए।
- कॉमेडी एक ऐसी कला है, जो सुनने वालों और सुनाने वालों के जीवन को खुशियों से भर देती है।
- एक ही किस्म के मजाक बार-बार नहीं सुनाने चाहिए, इससे लोग बहुत जल्दी बोर होने लगते हैं।
- इस दुनिया में कुछ भी स्थायी नहीं है, इसलिए अपने गमों को भुलाकर खुशियों को गले लगा लो।
- वैसे तो हर इनसान एक हास्य कलाकार होता है, लेकिन सिर्फ चंद लोग ही उसे जिंदा रख पाते हैं।
- हँसी-खुशी, मजाक यह कुछ ऐसी चीजें हैं, जिनके बिना जीवन में एक खालीपन सा बना रहता है।
- मजाक करने वाला बड़ा नहीं होता, उस मजाक को पसंद करके खुश होने वाले उसे बड़ा बनाते हैं।
- किसी की मजबूरी को देखकर खुश नहीं होना चाहिए, बल्कि खुश होकर उसको सहारा देना चाहिए।
- जब तक दर्शक हमारे मजाक पर हँसते, उस समय हमें कभी भी खुद के जोक्स पर नहीं हँसना चाहिए।

- किसी कलाकार की नकल करने से बेहतर होता है कि हम अपनी कला को निखारने की कोशिश करें।
- अपने अनुभव या किसी कमी को मजाक के लहजे में सुनाकर दर्शकों को अच्छे से खुश किया जा सकता है।
- अपनी जिंदगी को हमेशा दमदार और शानदार रखो, फिर खुद देखना कि जिंदगी जीने में कितना मजा आता है।
- लोगों को जरूरत के मुताबिक ही खुश करना चाहिए, वरना सारी दुनिया नीचे गिराने में देर नहीं लगाती।
- हास्य में कुछ भी अनूठा नहीं होता, बस साधारण सी बात को असाधारण ढंग से पेश करना आना चाहिए।
- जब तक हम अगर, मगर, किंतु, परंतु करते रहेंगे, उस समय तक कॉमेडी में तो कामयाब हरगिज नहीं हो पाएँगे।
- हमारा आज का दिन कैसा गया, उसे भूलकर यह सोचो कि आने वाले कल को कैसे बेहतर बना सकते हैं।
- जिंदगी में करिश्मे करना चाहते हो, तो दूसरों को हराने के बजाय अपनी कला को निखारने का प्रयास करो।
- कॉमेडी के बारे में जितना अधिक जान सकते हो, उतना जानो, लेकिन सबकुछ मानने की जरूरत नहीं होती।
- आज का दौर भी कितना अजीब है, किसी को अपना एक दु:खड़ा सुनाओ, वह आगे से चार अपने सुना देता है।
- समाज में हर काम को सिखाने के लिए कारीगर मिल जाते हैं, लेकिन कॉमेडियन हमें खुद ही बनना पड़ता है।
- अच्छी कॉमेडी के साथ कई बार कुछ हैरान करने वाली बातों से भी कमाल का हास्य पैदा किया जा सकता है।

- हँसी-खुशी और मुस्कान उस इत्र की तरह हैं, जिसे जितना बाँटोगे, उतनी ही अधिक आपकी जिंदगी महकने लगेगी।
- रिश्तों को निभाना सीखना हो, तो पकौड़ों से सीखो, वे चाय वाले को भी खुश रखते हैं और दारू पीने वालों को भी।
- हमारे पास बेशक कितना भी टैलेंट हो, लेकिन जब तक मन उदास है, उस समय तक खुशी बाहर नहीं आ सकती।
- लगता है कि भगवान भी एक हास्य कलाकार है, तभी तो वह कई अजीब नमूने बनाकर धरती पर भेजता रहता है।
- समझदार कलाकार हर दिन के अपनी कला में निखार लाने का प्रयास करते हैं।
- कॉमेडी शुरू करने से पहले इतना जरूर समझ लो कि लोग जैसे बाहर से दिखाई देते हैं, वे अंदर से वैसे नहीं होते।
- कभी भी किसी धर्म, जाति या रंग को लेकर भी कभी कोई भद्दा मजाक नहीं करना चाहिए, वरना लेने के देने पड़ सकते हैं।
- हास्य कलाकार सफलता की बुलंदियों पर बने रहने के लिए किसी-न-किसी बहाने से हर समय सुर्खियों में बने रहते हैं।
- कभी भी कोई ऐसा मजाक नहीं करना चाहिए, जिससे किसी की भावनाओं को ठेस पहुँचे या शारीरिक रूप से कोई नुकसान हो।
- पुराने दौर में लोग आवेदन और निवेदन से काम चला लेते थे, आजकल तो हर कोई दे दनादन से ही शुरुआत करते हैं।
- एक बात हमेशा याद रखना कि आप चाहे कितनी भी अच्छी कॉमेडी क्यों न कर लो, लेकिन हर किसी को खुश नहीं कर सकते।
- हास्य पैदा करने के लिए अच्छी कॉमेडी के साथ हमारे हावभाव, हाथों और आँखों के इशारे उसे और भी चटपटा बना देते हैं।

- सबसे सफल कॉमेडियन बनना चाहते हो, तो कभी किसी की सलाह मत मानो, यहाँ तक कि हमारी इस सलाह को भी अनदेखा करो।
- सफल कॉमेडियन बने रहने के लिए अपनी कल्पनाओं को जितनी दूर तक ले जा सकते हो, ले जाना चाहिए।
- कॉमेडी सभी को अच्छी लगती है, लेकिन जब हम दूसरे कलाकारों से अधिक अच्छी कॉमेडी करते हैं, तो उन्हें यही बिल्कुल अच्छा नहीं लगता।
- हमारे दोस्त अगर अच्छे से कॉमेडी न कर पाएँ तो अफसोस होता है, लेकिन अगर वे हमसे बहुत अच्छी कॉमेडी कर लें, ज्यादा दु:ख होता है।
- कॉमेडी के बारे में जितना अधिक विचार करोगे, उतना ही अधिक ज्ञान बढ़ेगा, एक दिन यही ज्ञान हर कलाकार को महान् बना सकता है।
- हास्य कलाकार बनने से पहले हमें एक बात सदैव याद रखनी चाहिए कि हमें उन लोगों को हँसाकर खुश करना है, जिन्हें हम जानते तक नहीं।
- अभ्यास से हर चीज को सीखा जा सकता है और बेहतर भी बनाया जा सकता है, इसलिए जब भी मौका मिले, तब मजाकिया बनने का अभ्यास करते रहें।
- सफल कॉमेडियन गुस्से और अहंकार को अपने से बहुत दूर रखते हैं, क्योंकि वे जानते हैं कि आजकल यह अधिकांश लोगों के दिमाग में बेशुमार भरा हुआ है।
- अच्छे कॉमेडियन सिर्फ अपनी कला पर फोकस रखते हैं, क्योंकि वे जानते हैं कि उनकी हँसी उड़ाने वालों के चेहरे की हँसी बहुत

जल्द गायब हो जाएगी।

- इत्र से कपड़ों को महकाना कोई बड़ी बात नहीं होती, असल बात तो तभी होती है, जब हमारी हर बात से लोगों के चेहरों पर मुस्कराहट आने लगती है।
- हर हास्य कलाकार को एक बात याद रखनी चाहिए कि वे ऐसी बस्ती में रहते हैं, जहाँ लोग भगवान को भी हर दिन आजमाते रहते हैं, तो फिर तुम्हारी क्या हस्ती है।
- कुछ कलाकार एक मजाक से अपना कार्यक्रम शुरू करते हैं, लेकिन वे उसी बात को फिर अलग रूप में आखिर तक कई बार इस्तेमाल करते हैं। इस तरह की कॉमेडी भी अक्सर दर्शकों को बहुत पसंद आती है।

8

सेंस ऑफ ह्यूमर

सेंस ऑफ ह्यूमर कॉमेडी करने का सबसे सहज और सरल तरीका है, लेकिन फिर भी बहुत सारे कलाकारों को यह इसलिए मुश्किल लगता है, क्योंकि इसके लिए पहले से कोई तैयारी नहीं की जा सकती। इस कला में अपने आसपास के माहौल में हो रही बातों में से किसी छोटी सी बात को लेकर हास्य पैदा किया जाता है। देश के सबसे मशहूर कॉमेडी शो 'कॉमेडी नाइट विद कपिल' में जब भी कोई मेहमान कपिल से अंग्रेजी में बात करता है तो वे परेशान होने के बजाय अपनी टूटी-फूटी इंगलिश बोलकर दर्शकों को हँसने पर मजबूर कर देते हैं।

सेंस ऑफ ह्यूमर का एक बहुत ही रोचक उदाहरण आपको बताते हैं। एक बार टीचर ने बच्चों से पूछा कि रामस्वरूप बीमार हुआ, परिणामस्वरूप मर गया। इसका अंग्रेजी में अनुवाद करो।

एक बच्चे ने कहा कि अनुवाद तो बाद में करेंगे, पहले यह बताओ कि जब बीमार रामस्वरूप था तो परिणामस्वरूप कैसे मर गया। टीचर ने समझाने की कोशिश करते हुए कहा कि असल में रामस्वरूप बीमार हुआ, फलस्वरूप मर गया। बच्चे बड़े हैरान-परेशान हो गए कि हमारे टीचर जी को क्या हो गया है। कभी यह फलस्वरूप को मार देते हैं, कभी यह परिणामस्वरूप को मार देते हैं। अच्छा सेंस ऑफ ह्यूमर रखने वालों को हर कोई पसंद करता है। लोग अधिक-से-अधिक समय इनके साथ गुजारना चाहते हैं। क्योंकि सेंस ऑफ

ह्यूमर रखने वाले उन बातों पर भी हास्य बना लेते हैं, जिन्हें कि आम लोग अक्सर अनदेखा कर देते हैं। ऐसे लोगों की एक और खूबी यह भी होती है कि यह वे सारी बातें भी बिल्कुल सच बोल देते हैं, जो दूसरे लोग बोलने से डरते हैं।

- ग्रेट सेंस ऑफ ह्यूमर रखने वाले लोग बहुत जल्दी ग्रेट बन सकते हैं।
- अच्छा सेंस ऑफ ह्यूमर रखने वालों को हर कोई दिल से प्यार करता है।
- सेंस ऑफ ह्यूमर किसी भी व्यक्ति के व्यक्तित्व में चार-चाँद लगा सकता है।
- सेंस ऑफ ह्यूमर रखने वालों को सारी दुनिया बहुत ही हसीन दिखाई देती है।
- गमों को अपने से दूर रखने का सबसे अच्छा टॉनिक एक ही है कि सदा खुश रहो।
- हमें अपनी गाड़ी बड़ी करनी है या दाढ़ी, यह सबकुछ हमारे कर्मों पर निर्भर करता है।
- दिल का दर्द अब इतनी तकलीफ नहीं देता, जितना की स्लो इंटरनेट परेशान करता है।
- सबसे गरीब इनसान वो नहीं, जिसके पास पैसा नहीं है, बल्कि वो है, जो कभी हँसता नहीं।
- बहुत जल्द मेरा भी वक्त बदलेगा, बस घड़ी में नई बैटरी यानी सेल डालने की जरूरत है।
- जिन लोगों के सेंस ऑफ ह्यूमर की कमी होती है, वे हर समय बेवजह ही परेशान रहते हैं।
- बच्चों और मोबाइल फोन को देखकर समझ ही नहीं आता कि किसने किसको बिगाड़ा है।

- सेंस ऑफ ह्यूमर के बिना किसी भी तरह के हँसी-मजाक का आनंद नहीं लिया जा सकता।
- सेंस ऑफ ह्यूमर के गुण रखने वाला हर समस्या का समाधान हँसते-हँसते निकाल लेता है।
- पंजाबी लोग आस्तिक हों या नास्तिक, लेकिन उनका सेंस ऑफ ह्यूमर बहुत शानदार होता है।
- किसी भी खुश दिल इनसान को गौर से देखो, तो आपको उसमें भगवान की झलक दिखाई देगी।
- जल्दी का काम शैतान का होता है, इसलिए हर काम को जल्दी करने के बजाय आराम से करो।
- पहले घर आए बुजुर्ग लोग प्यार और आशीर्वाद देते थे, आजकल फिजूल का ज्ञान बाँटते रहते हैं।
- कुछ लोगों को देखकर लगता है कि भगवान इनका अपडेट सॉफ्टवेयर बनाना ही भूल गया था।
- अगर हम अपनी बेकार की चिंता करनी छोड़ दें, तो हर इनसान कामयाब कॉमेडियन बन सकता है।
- जिंदगी में होने वाले हर प्रकार के तनाव को कम करने के लिए अपना सेंस ऑफ ह्यूमर बढ़ाते रहें।
- एक बात हर कोई कहता है कि खुश रहा करो, लेकिन मजाल है कि कोई एक पल भी खुश रहने दे।
- अच्छा सेंस ऑफ ह्यूमर रखने वालों के साथ हर बात में बहुत बेहतर तालमेल बिठाया जा सकता है।
- आजकल जिंदगी साबुन से भी बेकार हो गई है। लोग इस्तेमाल तो करते हैं, लेकिन विश्वास नहीं करते।

- कुछ लोगों के दिन बुरे होते हैं, लेकिन जो हँसना नहीं जानते, उनका सारा जीवन ही बुरा बन जाता है।
- इस दुनिया में सिर्फ मोटापा ही एक ऐसी चीज है, जो जितना कम हो, हमें उतनी अधिक खुशी मिलती है।
- जिस व्यक्ति के पास सेंस ऑफ ह्यूमर जैसे गुण होते हैं, वह बिना पैसों के भी सबसे अधिक अमीर होता है।
- कुछ लोग जिंदगी में सबकुछ खो देते हैं, लेकिन फिर भी उनका सेंस ऑफ ह्यूमर उनके पास ही रहता है।
- कई लोग देखने में मूर्ख लगते हैं, लेकिन असल में वे मूर्ख नहीं होते, उनका व्यवहार ही मूर्खों की तरह होता है।
- हमें हर समय कुछ-न-कुछ बोलते रहना चाहिए, वरन कुछ लोग खुद को जरूरत से अधिक समझदार समझने लगते हैं।
- हम बेशक जितनी मर्जी बातें कर लें, लेकिन असल जिंदगी में बातें सिर्फ दो ही होती हैं—एक 'हाँ' और दूसरी 'ना'।
- अधिकतर लोगों को मालूम होता है कि वे गलत हैं, लेकिन फिर भी बेकार की बहस करके मजे पूरे लेते हैं।
- हर प्रकार की चिंता और परेशानियों को दूर करने का सबसे आसान तरीका एक ही है कि दुनिया जाए भाड़ में।
- जिंदगी को सरल और सहजता से जीना चाहते हो, तो उसमें थोड़ा सा अपने सेंस ऑफ ह्यूमर का तड़का लगा दो।
- कुछ लोग किसी गरीब को दो केले देते समय भी ऐसे फोटो खिंचवाते हैं, जैसे दो किलो सोना दान कर दिया हो।
- शानदार सेंस ऑफ ह्यूमर उन सुंदर, खुशबूदार फूलों की तरह होता है, जो हर किसी के दिल के बगीचे में नहीं उगते।

- आत्मविश्वास और सेंस ऑफ ह्यूमर अगर एक साथ मिल जाएँ, तो जिंदगी में बहुत सारे करिश्मे किए जा सकते हैं।
- हमारी आधी से अधिक परेशानियाँ आसानी से खत्म हो सकती हैं, अगर हम अपनी आधी बातें अपनी बीवी को न बताएँ।
- बेटे ने अपनी मम्मी से कहा कि हम एक कुत्ता पाल लें, मम्मी ने तपाक से पूछा कि क्यों, तू घर छोड़कर कहीं जा रहा है ?
- शादीशुदा जिंदगी को खुशी से गुजारने के लिए हमारा सेंस ऑफ ह्यूमर बहुत ही अहम भूमिका निभा सकता है।
- आप अपने सेंस ऑफ ह्यूमर को बेशक जितना मर्जी बढ़ा लो, इससे आपके बिजली के बिल पर कोई असर नहीं पड़ेगा।
- हर कोई कहता है कि मेरा दिल बिल्कुल साफ है, लेकिन कोई भी एक-दूसरे पर रत्ती भर का भी विश्वास नहीं करता।
- हम बेशक कितनी भी अंग्रेजी सीख लें, लेकिन कुत्ता पीछे पड़ने पर सिर्फ पंजाबी की गालियाँ ही मुँह से निकलती हैं।
- कहते हैं कि जल्दी का काम शैतान का होता है, इसलिए हमेशा देर से सोना चाहिए और सुबह देर से जागना चाहिए।
- सोशल मीडिया पर लोग ज्ञान-ध्यान की इतनी बड़ी-बड़ी बातें लिखते हैं कि जैसे उनकी असलियत कोई जानता ही नहीं।
- हर चीज की कुछ-न-कुछ कीमत जरूर होती है, लेकिन हास्य का आनंद अनमोल होते हुए भी बिल्कुल मुफ्त में ले सकते हैं।
- इस दुनिया में कोई माई का लाल मेरा कुछ नहीं बिगाड़ सकता, क्योंकि मैंने पहले ही अपना सबकुछ बिगाड़ा हुआ है।
- जिंदगी मजे से गुजर रही है, वह बात अलग है कि कभी हम जिंदगी के मजे लेते हैं, तो कभी जिंदगी हमारे मजे लेने लगती है।

- हमें हमेशा खुश रहना चाहिए, क्योंकि हँसने से हमारा खून बढ़ता है और हमें हँसते हुए देखने वालों का खून जलता है।
- किसी व्यक्ति के सफेद बालों को देखकर कभी भी यह सोचने की गलती नहीं करनी चाहिए, यह इनसान समझदार ही होगा।
- यह सच है कि जिंदगी पहाड़ की तरह कठोर है, लेकिन सेंस ऑफ ह्यूमर की मदद से इसे आसानी से काटा जा सकता है।
- कोई इनसान कितना भी दुःखी क्यों न हो, लेकिन आप एक छोटे से मजाक के जादू से उसके दर्द को मिनटों में गायब कर सकते हो।
- आज के दौर में नकली चीजों की इतनी भरमार हो गई है कि सारा शहर घूमने पर भी एक सच्ची मुस्कान देखने को नहीं मिलती।
- अक्सर लोग कहते हैं कि खुशियाँ पैसे से नहीं खरीदी जा सकतीं, लेकिन वे यह भी नहीं बताते कि खुशियाँ मुफ्त में कहाँ मिलती हैं।
- कोई बच्चा कितना भी सुधरने की कोशिश कर ले, लेकिन उसके घर वाले हमेशा यही कहेंगे कि यह कमीना कभी नहीं सुधर सकता।
- कभी भी जरूरत से ज्यादा भगवान को याद नहीं करना चाहिए, क्योंकि जिस दिन उसने याद कर लिया, लेने के देने पड़ जाएँगे।
- हमारे देश के अधिकतर लोगों को बेशक हमारी समस्या समझ आए या न आए, लेकिन वे उस परेशानी का हल जरूर समझा देते हैं।
- ऐसा महसूस होता है कि भगवान का भी सेंस ऑफ ह्यूमर बहुत अच्छा है, तभी तो उसने इस दुनिया में इतने सारे जोकर बनाए हैं।

- भगवान मेरी आपसे एक ही प्रार्थना है कि सारी दुनिया की समस्याएँ खत्म करके सबको खुश कर दो, बस इसकी शुरुआत मुझसे करना।
- सभी सफल कॉमेडियन को सारी दुनिया में सिर्फ कॉमेडी ही दिखाई देती है, इसीलिए वे हर छोटी–बड़ी बात को फनी तरीके से कह पाते हैं।
- हर काम करने का कोई–न–कोई तय समय होता है, लेकिन हास्य सिर्फ एक ऐसी चीज है, जिसका आनंद कभी भी उठाया जा सकता है।
- सेंस ऑफ ह्यूमर के भी कई अलग किस्म के स्टाइल होते हैं, आप बेशक कोई भी स्टाइल रखो, लेकिन सेंस ऑफ ह्यूमर जरूर रखना चाहिए।
- इनसान के पास बेशक भगवान का दिया हुआ सबकुछ हो, लेकिन कुछ दिन हँसी के बिना गुजारने पर वो मछली की तरह तड़पने लगता है।
- कुछ लोगों का मानना है कि सेंस ऑफ ह्यूमर सबकुछ नहीं होता, लेकिन यह हमारे जीवन से अधिकतर परेशानियों को खत्म कर सकता है।
- इस दुनिया में किसी के पास इतनी हिम्मत नहीं है कि वो हमें बेवकूफ बना सके, हम खुद ही अपनी गलतियों के कारण बेवकूफ बनते हैं।
- कुछ लोग जिंदगी में करना तो बहुत–कुछ चाहते हैं, लेकिन सरकार उन्हें करने नहीं देती, क्योंकि सरकार के मुताबिक वे सारे काम गैर–कानूनी हैं।
- कुछ लोग अक्सर यह कहते हैं कि उनका दिल बहुत साफ है,

लेकिन जब उनसे बात करो, तो मालूम पड़ता है कि उनका दिमाग तो शैतान से भी तेज है।

- आजकल किसी के धैर्य को परखना हो तो उसे थोड़ी देर के लिए स्लो स्पीड वाले इंटरनेट के साथ कंप्यूटर पर काम करने को कह दो।
- भगवान ने हर इनसान को इतना समझदार बनाया है कि वह कोई भी समस्या आसानी से हल कर सकता है, बस समस्या किसी दूसरे की होनी चाहिए।
- आज अचानक जब मेरे दाँतों ने मेरी अपनी ही जीभ को काट दिया, तो मुझे पूरा विश्वास हो गया कि इस जमाने में कोई किसी का सगा नहीं होता।
- कई लोग खुश होने के लिए नशा नहीं करते, बल्कि वो तो इसलिए नशा करते हैं, ताकि लोग नशे के बाद उनकी बेवकूफियों को देखकर खुश हो सकें।
- हर किसी के जीवन में दु:ख-तकलीफें तो आती ही रहती हैं, लेकिन अगर हम अपनी जुबान को न बताएँ, तो होंठों पर सदा ही मुस्कान बनी रह सकती है।
- अगर किसी को हमारा सेंस ऑफ ह्यूमर अच्छा नहीं लगता, तो उस पर नाराज होने के बजाय हमें उस पर तरस खाना चाहिए कि वह बेचारा कैसे जिंदगी गुजार रहा है।
- हमारे जीवन में बेशक कितनी भी बड़ी परेशानी क्यों न हो, लेकिन जैसे ही हम अपना ध्यान सेंस ऑफ ह्यूमर की तरफ लगाते हैं, तो तुरंत उसका हल दिखाई देने लगता है।

9

कॉमेडी कैसे लिखें

कॉमेडी, जोक्स या मजाक लिखने की शुरुआत करने से पहले हमें इतना जरूर सोच लेना चाहिए कि जो कुछ भी लिखना है, वह जबरदस्त तरीके से लिखना है, जबरदस्ती नहीं। जहाँ तक हँसी-मजाक लिखने की बात है, तो यह हमारे आसपास यहाँ से वहाँ तक और वहाँ से यहाँ तक बिखरी पड़ी है। हमारे चारों ओर मजाकिया लोग एवं चीजें मौजूद हैं। किसी के बोलने का स्टाइल, किसी के चलने का अजीबो-गरीब तरीका, बच्चों की शरारतें हर जगह आसानी से मजाक को निकाला जा सकता है। जोक्स यानी चुटकले लिखते समय एक महत्त्वपूर्ण याद रखनी चाहिए कि हम सिर्फ अपनी पसंद के विषय पर न लिखें, हमें दर्शकों की पसंद का भी पूरा ख्याल रखना चाहिए कि उन लोगों को क्या अच्छा लगता है। इस बात को ध्यान में रखते हुए हमें अपनी सोच और कल्पनाशक्ति को बढ़ाना होगा। इसके लिए दूसरे कॉमेडियन के आलेख से भी मदद ले सकते हैं। ऐसा करने से जहाँ एक ओर हमारा सेंस ऑफ ह्यूमर बढ़ता है, वहीं हमारा स्वभाव मजाकिया एवं खुशमिजाज बन जाता है।

जोक्स में लाफ्टर देने वाले भाग को 'पंच लाइन' कहते हैं। मजाक के बारे एक बात को ध्यान में रखो कि बातें तो वहीं होती हैं, सिर्फ उनको कहने, पेश करने का अंदाज थोड़ा अलग होता है। अब आप कपिल शर्मा शो के डॉ. मशहूर गुलाटी को जानते ही होंगे। उनके नाम को मशहूर की

जगह मशरूम गुलाटी बोल दो तो इसी बात से मजाक निकलने लगेगा। इसी प्रकार एक फल बेचने वाले ने बोर्ड लगा रखा था कि आप सिर्फ कर्म करो, फल तो हम देंगे।

जोक्स बनाने के लिए अगर हमारे दिमाग में किसी अनूठे, मनमौजी किस्म के व्यक्ति की छवि हो तो यह काम काफी आसान हो जाता है, लेकिन ऐसे फनी इनसान को अब कहाँ से लेकर आएँ। हम आपकी इस परेशानी को चुटकियों में दूर कर सकते हैं। ऐसा इनसान आपके घर में ही है। यह आपको घर के आईने में मिल जाएगा। आप सबसे अच्छे और कमाल के मजाक इसी के साथ लिख सकते हो। एक और उदाहरण आपके काम को काफी आसान कर सकता है। जैसा कि हम सभी जानते हैं कि आजकल हमारी सरकार हर छोटे-बड़े शहर के नाम बदल रही है। अगर किसी दिन सरकार ने दिल का नाम बदलकर अंडा रख दिया, तो फिर सोचो हमारी फिल्मों के नाम कैसे होंगे? फिर फिल्मों के नाम होंगे—'हम अंडे दे चुके सनम', 'यह अंडा आपका हुआ', 'हम आपके अंडे में रहते हैं', 'अंडे वाले दुलहनिया ले जाएँगे' आदि।

एक और रोचक उदाहरण इस तरह से है कि एक आदमी ने अपने दोस्त से कहा कि मैं अगर रात को चाय पी लूँ तो मुझे सारी रात नींद नहीं आती। उसके दोस्त ने जवाब दिया कि मेरा तो बिल्कुल उल्टा हिसाब है, मैं एक बार सो जाऊँ, तो सारी रात चाय नहीं पी सकता। सुनने वाले भी ऐसे जोक्स को सबसे अधिक पसंद करते हैं। मजाक तो बहुत सारे लोग लिख लेते हैं, आप अगर थोड़ा अभ्यास करो तो मजाक के ऊपर भी मजाक लिख सकते हो।

- भ्रष्ट और कामचोर नेताओं पर सबसे अच्छे मजाक बनाए जा सकते हैं।
- नींद भी बहुत कीमती चीज है, शायद इसीलिए लोग उसे सोना कहते हैं।

- कभी भी किसी कमजोर या लाचार व्यक्ति का मजाक नहीं उड़ाना चाहिए।
- रिश्ते दिल से होने चाहिए, वरन खून का रिश्ता तो मच्छरों से भी होता है।
- दोस्तो! खुश रहा करो, उनके लिए, जो आपको कभी खुश नहीं देखना चाहते।
- अगर पत्नी गूँगी हो और पति बहरा हो, तो हर शादी कामयाब हो सकती है।
- जब तक सूरज–चाँद रहेगा, जनता को बेवकूफ बनाना नेताओं का काम रहेगा।
- हर लड़की को इज्जत देनी चाहिए, क्योंकि लाइन तो बिजली वाले भी दे देते हैं।
- बचपन से शौक था कामयाब कॉमेडियन बनने का, बचपन खत्म तो शौक भी खत्म।
- आज का दौर भी कितना कमाल का है कि यहाँ गधे भी घोड़े बेचकर सोते रहते हैं।
- मेरी पत्नी ही मेरी हस्ती है, यह मैंने खुद नहीं लिखा, उसी ने लिखवाया है, जबरदस्ती।
- मेरे सारे संदेश वाटरप्रूफ हैं, अगर ऐतबार न हो अपना फोन पानी में डालकर देख लो।
- काले दोस्त बनाने का एक फायदा यह होता है कि वे बेचारे कभी रंग नहीं बदल सकते।
- धोखेबाज, ठगी करने वालों को हँसी–मजाक के माध्यम से बेनकाब किया जा सकता है।

- बुद्धिमान कलाकार बेवकूफ लोगों की हरकतों से भी कॉमेडी के आइडिया निकाल लेते हैं।
- मूर्ख लोग अपनी प्रशंसा करवाने के लिए कई बार अपने से बड़े मूर्खों को खोजते रहते हैं।
- हर समय सीरियस रहने की जरूरत नहीं होती, आप दुनिया में रहते हो, अस्पताल में नहीं।
- मैं सारी दुनिया को अकेले ही जीत सकता हूँ, बस थोड़ी सुस्ती की वजह से नहीं जीत रहा।
- गौर से देखें तो हमारे नेता और अफसर इतने भ्रष्ट नहीं होते, जितना कि हम उन्हें बनाते हैं।
- उन लोगों का जरूर मजाक उड़ाओ, जो धर्म को धंधा बनाकर अपनी दुकानदारी चलाते हैं।
- दिल और दिमाग की परेशानियों को सिर्फ खुशी के माध्यम से ही ठीक किया जा सकता है।
- भगवान का दिया हुआ सबकुछ है मेरे पास, बस यह नहीं मालूम कि वो सब रखा कहाँ है।
- बेशक सारी दुनिया खत्म हो जाए, लेकिन कॉमेडी किसी-न-किसी रूप में फिर भी जिंदा रहेगी।
- लड़की ने अपने दोस्त से पूछा कि तुम्हारे पापा क्या करते हैं, लड़के ने तुरंत जवाब दिया, "बेइज्जती।"
- भगवान ने टाँगें चलने-फिरने के लिए दी हैं, उन्हें बेवजह किसी के काम में नहीं अड़ानी चाहिए।
- हँसी-खुशी नसीब वालों के पास होती है, वरन टेंशन से तो हर किसी की जिंदगी भरी पड़ी है।

- ऐसे दोस्तों से सदा ही बचकर रहना चाहिए, जिनका दिल के साथ दिमाग भी खिसका हुआ हो।
- पुराने समय में लोग अक्सर अपनों को दुआ में याद रखते थे, आजकल चुगलियों में याद करते हैं।
- जिन लोगों के पास बिल्कुल साफ दिल और दिमाग होता है, सिर्फ वही खुलकर हँसना जानते हैं।
- चोट के घाव भर सकते हैं, लेकिन शब्दों के नहीं, इसलिए हमेशा मारपीट से सुलझाओ, बातों से नहीं।
- कॉमेडियन बनने के लिए न तो किसी तरह के कोटे की और न ही किसी लोटे की जरूरत होती है।
- हमें उन लोगों पर तरस करना चाहिए, जिन्हें न तो अच्छे मजाक और न ही कॉमेडी समझ आती है।
- नाम के बहकावे में मत आना, हमारे मोहल्ले की एकता नाम की लड़की सबसे अधिक झगड़े करवाती है।
- चैन से सोना है तो जाग जाओ, इससे पहले कि रिश्तेदार घर पहुँच जाएँ, घर से दूर कहीं भाग जाओ।
- अखबार, मैगजीन के चुटकलों को पढ़ने से आपको नए मजाक लिखने की अच्छी प्रेरणा मिल सकती है।
- आजकल के युवाओं को एक ही शिकायत है कि उनकी नींद ही पूरी नहीं होती, तो सपने कैसे पूरे होंगे।
- जिंदगी में एक बात हमेशा याद रखना कि मुश्किल में कभी घबराना और ठंड में कभी नहाना नहीं चाहिए।
- किसी भी काम को कल–परसों पर नहीं टालना चाहिए, क्योंकि कुछ काम बरसों बाद भी किए जा सकते हैं।

- अंधविश्वास फैलाने वाले ढोंगी बाबाओं को मजाक के सहारे आसानी से समाज में नंगा किया जा सकता है।
- ढाबे पर चाय बनाने वाला कितना भी साधारण इनसान क्यों न हो, लेकिन वह चाय हमेशा स्पेशल ही बनाता है।
- बहुत सारी समस्याओं को हँसी-मजाक के माध्यम से कहकर उनका हल आसानी से निकाला जा सकता है।
- आजकल कुछ लोग इतने अधिक चालक हो गए हैं कि वे इनसान को तो क्या उल्लू को भी उल्लू बना देते हैं।
- अधिकतर लोग अभी भी अच्छे है, लेकिन रिश्ते निभाते समय न जाने उनकी अकल के फ्यूज क्यों उड़ जाते हैं।
- हमारे आसपास रहने वाले बहुत सारे लोग दिल के बुरे नहीं होते, बस उनका दिमाग थोड़ा हिला हुआ होता है।
- आजकल के नेता देश के लिए कोई काम करें या न करें, लेकिन जनता का मनोरंजन खूब अच्छे से करते रहते हैं।
- कोई भी बात बेशक गंभीर हो या हँसी-मजाक की, उसे जितना जल्दी समझ सको, उतना ही अधिक फायदा होता है।
- जो लोग अपने मोबाइल में कॉमेडी को छोड़कर बेकार की चीजें देखते हैं, उन्हें बर्बाद होने से कोई नहीं बचा सकता।
- जिंदगी में बेशक कितने भी दोस्त बना लो, लेकिन मुसीबत के समय सभी सुदामा जैसे गरीब और बेचारे बन जाते हैं।
- खुशी का क्या है, वह तो हर दिन आती जाती रहती है, जरा सा ध्यान रखो तो पड़ोस में ही खुशी नजर आ जाएगी।
- समय अनमोल होता है, इसलिए कभी भी अपना वक्त बर्बाद नहीं करना चाहिए, बल्कि हमेशा दूसरों का वक्त बर्बाद करो।

- एक लड़की ने बस में लड़के से कहा कि दिमाग है या नहीं, लड़के ने भी तुरंत जवाब दिया, हाँ है, लेकिन दूँगा नहीं।
- आपको अगर कोई जबरदस्ती गाना गाने के लिए खड़ा कर दे तो आप राष्ट्रगान गाकर सभी को खड़ा कर सकते हैं।
- शुरुआती दौर में अगर लोग आपको घास नहीं डालते तो भी घबराने की बात नहीं, क्योंकि आप कॉमेडियन हैं, गधे नहीं।
- पागल अक्षर भी कितना अजीब है, कोई दूसरा कहे तो बहुत बुरा लगता है, लेकिन गर्लफ्रेंड कहे तो अच्छा लगता है।
- 40 पुस्तकें लिखने के बाद यह समझ आया कि पापा की चैकबुक के बिना जिंदगी में सफल होना बहुत कठिन है।
- आजकल भी सालियाँ शादी में जूते चुराती हैं, अगर मोबाइल चुराना शुरू कर दें तो बिना माँगे ही मुँह माँगे पैसे मिलेंगे।
- खुश रहना सीखना हो तो प्रेशर कूकर से सीखो, नीचे बेशक आग लगी हो, लेकिन फिर भी सीटी बजाता रहता है।
- आजकल मजाक बनाने के लिए अधिक मेहनत नहीं करनी पड़ती, क्योंकि हमारे नेता यह काम काफी आसान कर देते हैं।
- अगर कोई बेवजह आपसे नफरत करता है, तो उसे एक जोर से थप्पड़ लगा दें, कम-से-कम उसे वजह तो मिल जाएगी।
- सोने की नई चैन पहनने वाला जब तक अपने सभी दोस्तों को चैन दिखा नहीं लेता, उस समय तक वो चैन से नहीं बैठता।
- बढ़िया किस्म की कॉमेडी लिखने से पहले दूसरे कलाकारों को गौर से सुनें कि वे कौन सी बात किस ढंग से कह रहे हैं।
- सच्चा दोस्त वही होता है, जिसे देखते ही घर वाले कहें कि आ गया फिर यह कमीना, जिसने हमारे बेटे को बिगाड़ रखा है।

- हमारा पेन बेशक दो रुपए का हो या दो लाख का, लेकिन वो मजाक वैसे ही लिखेगा, जैसी हमारी सोच और विचार होते हैं।
- कुछ कलाकारों को यह गलतफहमी होती है कि टैलेंट तो उनके अंदर कूट-कूट के भरा हुआ है, बस दुनिया उसे देख नहीं पाती।
- हमारे देश में लड़की सीधी हो तो उसे गाय कहा जाता है, लेकिन कोई आदमी भोला और सीधा हो तो उसे गधा कहा जाता है।
- टमाटर और आम पहले हरे होते हैं, बाद में लाल-पीले हो जाते हैं, जोक्स बनाने के लिए इतनी बात कहना ही काफी होता है।
- आजकल तो किसी को अपने दिल का दर्द भी सुना सकते हैं, क्योंकि सामने वाले आगे से चार गुणा सुनाने के लिए तैयार रहते हैं।
- कई लोग दुनिया को बदलने की बातें तो बहुत करते हैं, लेकिन उनको बिस्तर से उठने के लिए भी घंटों का समय लग जाता है।
- आजकल सभी लोग दिल के बुरे नहीं होते, कुछ लोगों का दिमाग भी काम नहीं करता, इसलिए अपनी जिंदगी में सदा मस्त रहो।
- एक लड़का टैटू बनवाकर बहुत रो रहा था, क्योंकि टैटू बनाने वाले ने उसकी बाजू पर करीना की जगह कमीना लिख दिया था।
- भ्रष्टाचारी अफसर, नेताओं जैसे लोगों का जितना हो सके, उतना मजाक बनाओ, ताकि उनमें शायद कुछ सुधार हो पाए।
- कभी-कभी जिंदगी में ऐसे मोड़ आ जाते हैं, जहाँ से न बस मिलती है, न ही ऑटो मिलता है, वहाँ से फिर पैदल ही जाना पड़ता है।
- जब भी मौका मिले जिंदगी में मजे लेते रहना चाहिए, वरन जब जिंदगी मजे लेना शुरू कर देगी, तो बहुत मुश्किल हो जाती है।
- जब भी जोक्स, कॉमेडी लिखें तो किसी-न-किसी दोस्त या परिवार के सदस्य से जरूर बात करें कि उनको यह कैसा लग रहा है।

- हँसी–मजाक एवं चुटकलों की पुस्तकें पढ़ें और जो जोक्स अच्छे लगें, उन्हें याद करने से कॉमेडी लिखना काफी आसान हो जाता है।
- सारे देश में सी.सी.टी.वी. कैमरे लगाने के बजाय अगर नेताओं के घर में ऐसे कैमरे लग जाएँ, तो भ्रष्टाचार खुद ही खत्म हो जाएगा।
- पत्नी ने पति से कहा कि जल्दी से उठ जाइए, मैं रोटी बनाने लगी हूँ, पति ने तपाक से जवाब दिया कि मैं कौन से तवे पर लेटा हुआ हूँ।
- अच्छे लोग दुनिया के हर कोने में पाए जाते हैं, लेकिन अफसोस तो यह है कि दुनिया गोल है और उसमें कोई भी कोना है ही नहीं।
- गोलगप्पे खाने के लिए जितना बड़ा मुँह खोलते हैं, अगर उतना बड़ा दिल भी रखना शुरू कर दें तो दुनिया के सारे झगड़े खत्म हो जाएँ।
- मेरे जोक्स अगर आपको पसंद नहीं आ रहें, तो उसमें से कमियाँ निकालने के बजाय अपनी सोच बदलो, फिर सबकुछ अच्छा लगेगा।
- हमारी जिंदगी में कुछ ऐसे लोग होते हैं, जिनका हम कुछ नहीं बिगाड़ सकते, क्योंकि उन्होंने अपना सबकुछ पहले से ही बिगाड़ा होता है।
- हमारे देश के नेता चुनावों के दौरान मुद्दे की बात को छोड़कर हर विषय पर बोलते हैं और हम मूर्ख बनकर सबकुछ सुनते रहते हैं।
- आजकल लोग अपने बच्चों के रिश्ते दूर–दराज के इलाकों में ढूँढ़ते हैं, क्योंकि आसपास वाले तो उनकी औकात को अच्छे से जानते हैं।

- कैसा अजीब समय आ गया है कि जैसे ही किसी की औकात बढ़ने लगती है, उससे जलने वालों की तदाद उससे भी तेजी से बढ़ जाती है।
- अगर कोई व्यक्ति आपके मजाक का मजाक उड़ाए, तो समझ लेना कि सभी पागल पागलखाने में नहीं मिलते, कुछ खुले भी घूमते रहते हैं।
- पेट खाली हो तो झट से मालूम हो जाता है और दिमाग खाली हो तो उस समय तक पता ही नहीं लगता, जब तक दूसरे लोग न बताएँ।
- कुछ लोग लगातार यह शिकायत करते रहते हैं कि मेरे दिन बहुत बुरे चल रहे हैं, लेकिन जरा उनके बारे में सोचो, जिनके युग ही बुरे हों।
- हिरण देखने में बिल्कुल सीधा-सरल दिखता है, लेकिन सतयुग में राम की और कलयुग में सलमान खान की जिंदगी परेशानियों से भर दी है।
- कुछ लोग दुकानदार को फटा-पुराना नोट देकर ऐसा महसूस करते हैं कि इस दुनिया में उनसे बड़ा जीनियस कोई नहीं हो सकता।
- महँगाई बेशक कितनी भी बढ़ गई हो, लेकिन प्रभु का शुक्र है कि परीक्षा में पास होने के लिए अभी भी 33 प्रतिशत अंक ही चाहिए होते हैं।
- आपके मन में भी कुछ सिरदर्द देने वाले दोस्तों को देखते ही एक विचार तो जरूर आता होगा कि इसको पहाड़ से फेंकू या भाड़ में गिरा दूँ।
- कॉमेडी करने वाले ज्यादा इच्छा नहीं रखते, वे तो बस भगवान से इतना माँगते हैं, जितना विजय माल्या और नीरव मोदी देश से लेकर भागे हैं।

- आज के समय में अगर इज्जत करवानी है, तो पहले दूसरों की इज्जत करनी पड़ेगी, वरन भाड़ में जाओ, किसी को कोई फर्क नहीं पड़ता।
- हमारा टी.वी. बेशक कितना भी महँगा और बढ़िया क्यों न हो, लेकिन उसका रिमोट 3 महीने बैटरी से और 6 महीने थप्पड़ खाकर ही चलता है।
- अगर आपको कोई बेवकूफ कहता है, तो गुस्सा करने के बजाय आराम से बैठकर यह सोचो कि इसको कैसे मालूम हुआ कि मैं बेवकूफ हूँ।
- ज्यादा नहीं हँस सकते, तो सुबह-शाम एक बार तो जरूर हँस लेना चाहिए, क्योंकि डॉक्टर भी कहते हैं कि दवा समय पर लेते रहना अच्छा होता है।
- अक्सर बसों में लिखा होता है कि बिना टिकट यात्रा करने वाले होशियार तो इसका मतलब यह हुआ कि टिकट लेकर यात्रा करने वाले बेवकूफ हैं।
- किसी को मेरी बात का बुरा लगता है, तो मुझे माफ करना, क्योंकि मैं आपके लिए कुछ नहीं कर सकता और न ही आप मेरा कुछ बिगाड़ सकते हो।
- हम मानते हैं कि हमारे अंदर बहुत सारी कमियाँ हैं, लेकिन अगर किसी में हिम्मत है तो वह सामने आकर बताए, अगर मुँह न तोड़ दिया तो कहना।
- हमें अपने बच्चों को इतना भी लेक्चर नहीं देना चाहिए कि उन्हें यह महसूस होने लगे कि वे अपने घर में नहीं, बल्कि किसी यूनिवर्सिटी में रहते हैं।
- हमें कभी भी अपने आप से कोई शिकायत नहीं करनी चाहिए,

क्योंकि इस काम के लिए भगवान ने हमारे दोस्तों और रिश्तेदारों को लगा रखा है।

- हमारे दोस्त बेशक जीने-मरने की कितनी भी कसमें खा लें, लेकिन सच्चे दोस्तों का परीक्षा हॉल में ही पता चलता है कि वे हमारा कितना साथ देते हैं।
- जरूरत से ज्यादा बोलने वालों को ऐसा लगता है कि चुप रहने वालों के पास दिमाग नहीं होता, असल में उन्हीं के पास सबसे अच्छा दिमाग होता है।
- कुदरत का नियम है कि बड़ी मछली हमेशा छोटी को खा जाती है, इसलिए हर दिन अपने हुनर को निखारते रहो, वरना काम करना मुश्किल हो जाता है।
- पहले कुछ लोग आलसी होते थे, क्योंकि आलस्य उनके पास आकर रुक जाता था, लेकिन आजकल बहुत सारे बच्चे जन्म से ही आलसी पैदा होने लगे हैं।
- हवा चलती है तो पत्ते गिरते हैं, हवा चलती है तो पत्ते गिरते हैं, इतनी गौर से क्यों पढ़ रहे हो, हवा चलेगी तो पत्ते ही गिरेंगे, रसगुल्ले तो नहीं गिर सकते।
- देश का आम आदमी नेताओं की ताकत से नहीं डरता, बल्कि वह इस बात से डरता है कि जैसे-तैसे वह जो जिंदगी जी रहा है, कहीं वह भी हराम न हो जाए।
- राजा-महाराजाओं की तरह शाही जीवन जीने के लिए पढ़ाई-लिखाई से अधिक जरूरी है कि आम जनता को कैसे मूर्ख बनाकर उन पर राज किया जा सके।
- ऐ भगवान, मैं अपनी सारी पुरानी माँगे भूलकर आज पहली बार तुमसे सिर्फ एक चीज माँग रहा हूँ कि आज तक की जितनी इच्छाएँ

अधूरी हैं, उन्हें पूरा कर दो।

- लोग कहते हैं कि आजकल कोई भी एक-दूसरे की इज्जत नहीं करता, भाई हर कोई सिर झुकाकर आपकी पोस्ट पढ़ रहा है, अब इससे अधिक और कितनी इज्जत चाहिए।
- आजकल के ज्ञानी भी अपना धंधा टी.वी. वालों के छोटे-छोटे एपिसोड की तरह चलाते हैं, उस दिन एक कह रहा था कि दो बातें जिंदगी में हमेशा याद रखना—एक कल बताऊँगा और दूसरी परसों।
- पुराने जमाने में हर बात को समझने के लिए गहराई में उतरना पड़ता था, जबकि आजकल छोटी सी बात को भी समझने के लिए ऊँचाई पर जाना पड़ता है, क्योंकि फोन के सिग्नल सबसे अच्छे वहीं मिलते हैं।

10

इधर-उधर के मजाक

दुनिया वाले बेशक कुछ भी कहते रहें, लेकिन सच्चाई यही है कि न कोई स्वर्ग है और न कोई नरक। आज तक कौन स्वर्ग में गया या नरक में, कोई भी वापस आकर बता नहीं सका। जो कुछ है, वो यही है छोटी सी जिंदगी। इसलिए हर दिन खाओ, पियो और मौज लो। हँसी-मजाक, कॉमेडी देखने-सुनने में तो बहुत छोटे शब्द लगते, लेकिन इनके अंदर जिंदगी के अनमोल खजाने छिपे हुए हैं। यह हमें खुशी तो देते ही हैं, साथ ही मानसिक संतुलन बनाए रखने में बहुत मददगार रहते हैं। जिस तरह जीने के लिए खाना, पीना और साँस लेना जरूरी है, उसी तरह खुशी से जीने के लिए हँसना भी जरूरी है। जो लोग हँसना भूल जाते हैं, वो जिंदगी जीते नहीं, सिर्फ उसे काटते हैं।

हँसी-खुशी दुनिया की दवाइयों में से सबसे अधिक असरदार है। खुश रहने वाला व्यक्ति शांत मन और धैर्य से अपने जीवन में आने वाली सभी चुनौतियों को आसानी से हल कर लेता है। इस पर सोने पर सुहागा वाली बात यह है कि आज के समय में हास्य को अपनाकर रोजी-रोटी कमाने का जरिया भी बनाया जा सकता है। अब तो आप भी समझ गए होंगे कि कॉमेडी करने वाले सिर्फ खाने-पीने और मौज करने में ही विश्वास रखते हैं।

- हमारी जिंदगी के वही पल सफल हैं, जो हम हँसकर गुजारते हैं।
- कुछ लोग घुट-घुट कर जीते हैं, तो कुछ दो घूँट मार कर जीना सीख लेते हैं।

- बातें हमेशा बेमतलब की ही करनी चाहिए, वरना लोग मतलबी समझने लगते हैं।
- कुछ यू-ट्यूब वाले दो मिनट में मैगी बनाने के टिप्स भी 20 मिनट में समझाते हैं।
- कुछ लोग हर बात पर मुँह फुला लेते हैं, जैसे पिछले जन्म में वो गुब्बारे रहे हों।
- खाओ, पियो, मौज करो, हो सकता है कि कल तुम्हारी बीवी मायके से वापस आ जाए।
- फनी होना अच्छी बात है, लेकिन नागफनी जैसे लोगों से बचना भी आना चाहिए।
- पंजाब के मुख्यमंत्री भगवंत मान ने भी अपना जीवन कॉमेडी से ही शुरू किया था।
- हास्य उन महकते फूलों की तरह है, जो हर किसी के चेहरे को रौशन कर सकते हैं।
- उन लोगों पर हमें तरस करना चाहिए, जो लोग हँसी के गुणों से अभी भी अनजान हैं।
- जिंदगी में खुश और खुशहाल रहना चाहते हो, तो गमों से भी दोस्ती करना सीख लो।
- किसी करीबी के साथ मजाक करना और उसका मजाक उड़ाने में बहुत फर्क होता है।
- आजकल के युवाओं को देखकर यह समझ नहीं आता कि इंटरनेट फ्री है या यह बच्चे।
- हमारा स्वभाव ऐसा होना चाहिए कि हँसी-खुशी के अलावा कोई भी दूसरी आदत न हो।
- कुछ लोग दिलों की धड़कन बनने के बजाय हार्ट अटैक बनकर

जिंदगी में आ जाते हैं।

- हँसी–मजाक, ठिठोली तभी तक अच्छी लगती है, जब तक हर किसी को उससे खुशी मिले।
- हमारे चेहरे की एक मुस्कान बहुत सारे दुःख–दर्द को बिना दवाइयों के ठीक कर सकती है।
- जिस घर में हँसी–मजाक के कहकहे गूँजते हों, वहाँ गम और परेशानियाँ कभी नहीं आ सकतीं।
- अगले जन्म में सुख पाने की चाह में अपने इस जन्म की खुशियों को बर्बाद नहीं करना चाहिए।
- थोड़ा सा हँसी–मजाक और चेहरे पर प्यारी सी स्माइल पराए लोगों को भी अपना बना देती है।
- कोई जख्म कितना भी गहरा क्यों न हो, एक मुस्कराहट उसके सारे दर्द को खत्म कर सकती है।
- कुछ लोग इतने आलसी होते हैं कि खूबसूरत मजाक सुनने के बाद भी उन्हें हँसने में परेशानी होती है।
- हमें हमेशा खुश रहकर हँसते रहना चाहिए, क्योंकि जो लोग हँसते नहीं उनको हर समय रोना पड़ता है।
- हँसी–मजाक से दूर रहने वाले इनसान हमेशा खुद भी परेशान रहते हैं और दूसरों को भी परेशान रखते हैं।
- अगर गलती से कोई फालतू का मजाक हो जाए, तो कसूर आपका नहीं, उस मजाक का होता है।
- जो लोग यह सोचते हैं कि पैसे से खुशी नहीं मिल सकती, वे बेझिझक अपने पैसे हमारे खाते में डाल सकते हैं।
- आजकल कॉमेडी करने वालों की इज्जत करनी चाहिए, क्योंकि पता नहीं कब कौन सा कॉमेडियन मंत्री बन जाए।

- अगर जिंदगी में हँसी-मजाक न होते तो आधी से अधिक दुनिया तो पागलों की तरह जिंदगी गुजार रही होती।
- बुद्धिमान लोग गमों को भुलाने के लिए खुश रहते हैं, जबकि मूर्ख लोग हँसी को भुलाकर गमों को गले लगा लेते हैं।
- उम्र कम हो या ज्यादा इस बात से कोई फर्क नहीं पड़ता, असल बात तो यह होती है कि हम कितना खुश रहते हैं।
- आप चाहे खुद खुश रहो या दूसरों को खुश रखने की कोशिश करो, कुछ लोग फिर भी आपकी टाँग खींचते ही रहेंगे।
- मेहनत करने वालों को कामयाबी मिले या न मिले, लेकिन खुश रहते हुए मेहनत करने वाले जरूर कामयाब हो जाते हैं।
- आमतौर लोग भगवान की पूजा करते हैं, लेकिन जो इनसान दूसरों को खुश रखता है, भगवान उसकी पूजा करते हैं।
- खुद को कभी भी इतनी बुलंदियों तक न लेकर जाओ कि वहाँ खुदा हमसे पूछे कि बेवकूफ अब वापस कैसे जाएगा?
- जिसको हमारे मजाक पसंद न भी आते हों और वह फिर भी हँसता है, ऐसे दोस्त बड़े ही खुशनसीब लोगों को मिलते हैं।
- जो इनसान अकेले रहकर भी खुश रहना सीख लेता है, उससे अधिक धनवान इस दुनिया में दूसरा कोई नहीं हो सकता।
- अगर हमारे पास बैठने से कोई खुश नहीं हो रहा, तो वहाँ से उठकर चले जाना चाहिए, शायद वो इसी से खुश हो जाए।
- जो लोग जरूरत से अधिक परफ्यूम इस्तेमाल करते हैं, उन्हें देखते ही समझ लेना चाहिए कि इन्हें नहाने से डर लगता है।
- हमें अधिक-से-अधिक खुश रहना चाहिए, क्योंकि इसके लिए न तो पैसे की जरूरत होती है और न ही किसी दूसरे व्यक्ति की।
- जिस तरह बिना खून के शरीर बेकार हो जाता है, आजकल ठीक उसी

प्रकार मोबाइल फोन के बिना दिमाग खराब हो जाता है।

- हमारे देश में अक्सर चुनाव दो चरणों में होते हैं—पहले नेता जनता के चरणों में, फिर 5 साल तक जनता नेताओं के चरणों में।
- चिंता, टेंशन, डिप्रेशन के लिए जब कोई दवाई असर न करे तो एक बार थोड़ा हँसकर देख लेना, सारे रोग पल में छू-मंतर हो जाएँगे।
- भारत के हर घर, हर बैंक में लक्ष्मी की तस्वीर होती है, फिर भी हम वर्ल्ड बैंक से पैसा उधार लेते हैं, जहाँ लक्ष्मी की कोई तस्वीर नहीं है।
- आजकल लोग आग में पानी डालने की जगह घी डालने का काम करते हैं, दूसरों को खुश करने के बजाय उन्हें परेशान करके खुश होते हैं।
- जब भी जिंदगी में कुछ अलग हो तो थोड़ा इंतजार करना चाहिए, कुछ समय में खुद ही यह अहसास हो जाएगा कि जो भी हुआ, अच्छा ही हुआ।
- आजकल के युवा आपस में प्यार का बेशक कितना भी दिखावा कर लें, लेकिन असल में वे सच्चा प्यार तो सिर्फ अपने मोबाइल फोन से ही करते हैं।
- अगर बीच रास्ते किसी का झगड़ा हो रहा हो, तो आपका फर्ज बनता है कि साइड में होकर वीडियो बनाएँ, ताकि पीछे वाले भी लड़ाई आराम से देख सकें।
- आजकल के बच्चे बेशक कितनी भी पढ़ाई-लिखाई क्यों न कर लें, लेकिन जब कभी उनसे किसी चीज के बारे में पूछो तो एक ही जवाब मिलता है—पता नहीं।
- आजकल भलाई का तो जमाना ही नहीं रह गया, एक तो काम छोड़कर लड़ाई देखने जाओ, आगे से लोग कहते हैं कि चलो-चलो, बेकार में भीड़ न लगाओ।

- हमारा मन एक समय में सिर्फ एक ही भाव पर केंद्रित कर सकता है, इसलिए हमें दु:ख और परेशानियों को भूलकर सकारत्मक भाव रखने का प्रयास करना चाहिए।
- कुछ लोग वजन कम करने के लिए इतनी अधिक 'ग्रीन टी' पीते हैं कि उनकी सारी ग्रीन टी और पैसे तो खत्म हो जाते हैं, लेकिन वजन फिर भी कम नहीं होता।
- जिंदगी में कुछ बनना ही है, तो बाबा आराम देव की तरह बनो, एक तरफ वे योग से सारे रोग मिटाने की बात करते हैं, वही दूसरी तरफ करोड़ों रुपए की दवाएँ बेचते हैं।
- घर वाले कहते हैं कि सुबह जल्दी उठा करो, मुर्गा सबसे जल्दी उठता है और शाम को शहीद हो जाता है, इसलिए अफवाहों से बचो और आराम से नींद का आनंद लो।
- आजकल की पीढ़ी में एक बात बहुत अच्छी है कि अगर कोई बड़ा बुजुर्ग उन्हें समझाता है कि तुम्हारे बस का कुछ नहीं है, वे झट से उसे मानकर सबकुछ छोड़कर आराम से बैठ जाते हैं।
- कुछ लोग कहते हैं कि हमें कुछ भी नहीं आता, बस नींद आती है, हमारा यह मानना है कि आप अगर नींद को त्यागने के लिए राजी हो जाओ तो भी एक सफल हास्य कलाकार बन सकते हो।
- आजकल लोग रईस बनने के लिए शोरूम बनाने के बजाय बड़े गोदाम बनाकर हर चीज उसमें जमा करने में विश्वास करते हैं, ताकि जैसे ही कोई आपदा आए तो फिर मुँह माँगी कीमत पर उसे बेचा जा सके।

11

अपने टैलेंट पर भरोसा रखें

- झिझक का ताला तोड़ने से ही खुशियों का खजाना मिलता है।
- छोटी सी मुस्कान बड़ी–से–बड़ी थकावट को भी आराम देती है।
- थोड़ी सी झिझक हमारी कामयाबी को हमसे बहुत दूर कर देती है।
- आपका आत्मविश्वास ही आपके डर और झिझक को मिटा सकता है।
- हमारा आत्मविश्वास ही हमें, हर दिन आगे बढ़ने की प्रेरणा दे सकता है।
- हमेशा खुश रहा करो, उनके लिए जो तुम्हें कभी खुश नहीं देखना चाहते।
- कामयाबी के सपने देखने वाले कभी भी बार–बार पीछे मुड़कर नहीं देखते।
- सफल हास्य कलाकार अपनी झिझक से भी दूसरों का मनोरंजन कर देते हैं।
- एक बार की शर्म या डर कई बार जिंदगी भर के मौके हमसे छीन लेते हैं।
- डर, झिझक को जितनी जल्दी दूर करेंगे, कामयाबी उतनी जल्दी नसीब होगी।

- कुछ तो लोग कहेंगे, क्योंकि लोगों का काम ही है, हर किसी को बेवकूफ बनाना।
- कुछ दोस्त बूँदियों की तरह होते हैं, जिंदगी में आते ही वे रायता फैलाने लगते हैं।
- खुशियों के बारे में अधिक मत सोचो, क्योंकि खुशियाँ तो सिर्फ इसी एक पल में हैं।
- जितना अधिक हमारा आत्मविश्वास होगा, उतनी ही अच्छी कॉमेडी हम कर पाएँगे।
- खुद पर विश्वास रखने वाले कलाकार हर किसी के चेहरे पर रौनक ला सकते हैं।
- जिन लोगों ने हमें गलत समझना है, वे हमारे हर मजाक को भी उल्टा ही समझेंगे।
- कामयाब कलाकार बनना चाहते हो तो भरोसा सिर्फ खुद पर रखना, दूसरों पर नहीं।
- शोर तो कुत्ते भी बहुत मचाते हैं, लेकिन असली दहशत तो सिर्फ शेर की ही होती है।
- अगर कोई थोड़ी सी भी अकड़ दिखाए, तो उसे देखकर भी अनदेखा कर देना चाहिए।
- आत्मविश्वासी कलाकार कभी भी यह गलतफहमी नहीं पालते कि वे सबकुछ जानते हैं।
- हमारी कला में बेशक दम कम भी हो, लेकिन आत्मविश्वास कभी कम नहीं होना चाहिए।
- अच्छा खाना खाने और अच्छी नींद लेने के बाद हम सबसे बेहतर प्रदर्शन कर सकते हैं।

- जिन लोगों को खुद पर भरोसा होता है, वे अपने साथ दूसरों को भी खुश रख सकते हैं।
- खुद पर भरोसा रखना आना चाहिए, क्योंकि कामयाब होने में थोड़ा समय तो लगता ही है।
- जिंदगी जीने का असली मजा लेना है, तो सबसे पहले खुद पर लगाए हुए पहरे हटाने होंगे।
- हास्य कलाकार उलझनों में उलझने के बजाय खुशी-खुशी आगे बढ़ने में विश्वास रखते हैं।
- जिंदगी में सफल कलाकार बनना चाहते हो, तो कभी भी अपना विश्वास कम मत होने देना।
- किसी भी कलाकार की कामयाबी उसके आत्मविश्वास के थर्मामीटर से नापी जा सकती है।
- सफल कलाकार अपनी आलोचना को भी उसी तरह से देखते हैं, जैसेकि अपनी प्रशंसा को।
- हमेशा मन में ऐसा विश्वास रखो कि आज का प्रदर्शन हमारे पहले वाले से बहुत अच्छा होगा।
- आज के दौर में हमदर्द ढूँढ़ने से भी नहीं मिलेगा और दर्द देने के लिए हर कोई तैयार बैठा है।
- हर किसी की समझ अपनी-अपनी होती है, इसलिए हमें अपनी बात खुले मन से बोलनी चाहिए।
- आलोचना, निंदा सिर्फ मूर्ख लोग ही करते हैं, इसलिए इन बातों से डरने की जरूरत नहीं होती।
- जब मन जरूरत से अधिक बेचैन होने लगे, तो कुछ देर शांति से उसकी बात सुन लेनी चाहिए।

- जो इनसान अपने जीवन में अगर कुछ भी नहीं कर सकता, वह कॉमेडी तो जरूर कर ही सकता है।
- हास्य कलाकार कामयाब होने के लिए अपनी किस्मत से अधिक अपने टैलेंट पर भरोसा रखते हैं।
- कुछ भी नया सीखते समय इस बात का भी ध्यान रखना चाहिए कि हमें क्या कुछ नहीं सीखना।
- जिंदगी में परेशानियाँ तो हर दिन आएँगीं, लेकिन खुश रहने वाले उनका हल जल्द ही ढूँढ़ लेते हैं।
- कामयाबी मिलते ही जहाँ कुछ दोस्त मिलने लगते हैं, वहीं बहुत सारे दुश्मन भी सामने आ जाते हैं।
- हमें किस तरह से जिंदगी को जीना है, यह हमारे सिवाय कोई दूसरा व्यक्ति तय नहीं कर सकता।
- जीवन में जितना बेहतर कलाकार बनना चाहते हो, उतना ही अधिक कठिनाइयों से टकराना पड़ेगा।
- सकारात्मक सोच और नजरिया रखने वालों को कोई भी इनसान आसानी से अनदेखा नहीं कर पाता।
- अच्छे कॉमेडियन अपनी बेवकूफियों से नहीं घबराते, वे तो सामने बैठे चंद बेवकूफ लोगों से डरते हैं।
- जो लोग जरूरत से अधिक सोचते रहते हैं, अक्सर उनके हिस्से की खुशियाँ दूसरे लोग ले जाते हैं।
- अपनी गलतियों से मत डरो, क्योंकि बहुत सारे कमाल के मजाक हमारी बेवकूफियों से ही बनते हैं।
- खुद पर सदा यकीन रखना चाहिए, क्योंकि हर मंजिल का रास्ता अँधेरी गलियों से ही निकलता है।

- जो कलाकार अपनी आलोचना सुनने का स्वभाव बना लेते हैं, उन्हें कामयाब होने में देर नहीं लगती।
- जो लोग अपनी कमजोरी दूसरों को बताते हैं, दुनिया वाले उसे हमेशा के लिए कमजोर बना देते हैं।
- आलोचना हमेशा बुरी नहीं होती, यह तो हमारी कला को निखारने के लिए साबुन का काम करती है।
- हर किसी की बात को दिल से लगाने वाले न तो खुश रह पाते, न ही दूसरों को खुश कर सकते हैं।
- आत्मविश्वास बढ़ाने में देर नहीं करनी चाहिए, क्योंकि इसी के कारण सफलता हमसे दूर हो जाती है।
- जब तक हम अपना दिल खोलने की हिम्मत नहीं करते, उस समय तक अपनी जुबान नहीं खोल पाएँगे।
- जो लोग संकोच के कारण अपनी बात कहने से डरते हैं, वे कभी भी सफल कॉमेडियन नहीं बन सकते।
- एक बार अगर आत्मविश्वास आ जाए तो हम बड़े-से-बड़े कलाकार के सामने भी करिश्मे कर सकते हैं।
- हर व्यक्ति अपने दिल की बात तो करना चाहता है, लेकिन वह किसी दूसरे से कुछ सुनना नहीं चाहता।
- यह सच है कि जिंदगी आसान नहीं होती, लेकिन मुस्कराकर इसे गुजारने से कोई नुकसान नहीं होता।
- सफल कॉमेडियन बनना है, तो इस बारे में कभी कुछ मत सोचना कि लोग आपके बारे में क्या सोचते हैं।
- जब हमें अपने ऊपर पूरा विश्वास होता है, उस समय हम दूसरों का विश्वास भी आसानी से जीत पाते हैं।

- आपका वजन कम हो या ज्यादा उससे खास फर्क नहीं पड़ता, लेकिन आपकी कॉमेडी में दम होना चाहिए।
- सफल कलाकार अधिकतर खामोश रहते हैं, लेकिन इसका यह मतलब नहीं होता कि वे अंधे और बहरे हैं।
- कामयाब कॉमेडियन अपने से सीनियर कलाकारों के गुणों से सीखते हैं, उनकी कभी कमियाँ नहीं निकालते।
- कामयाबी तो एक झटके में मिल जाती है, लेकिन उसे पाने के लिए पहले बहुत सारे झटके खाने पड़ते हैं।
- हमारे दर्द से कोई खुश होता है, तो उसे होने दो, लेकिन हमें कभी किसी के दर्द से खुश नहीं होना चाहिए।
- आलोचना को यदि सकारात्मक नजरिए से देखा जाए, तो उसी में ही हमारी कामयाबी की चाबी छिपी होती है।
- दूसरों का स्टेटस पढ़ने से कुछ नहीं होगा, कुछ ऐसा करो कि लोग आपका स्टेटस पढ़ने को मजबूर हो जाएँ।
- रिश्ते-नाते, दोस्त सभी दिखावा और ढकोसला हैं, इसलिए अपनी जिंदगी को सिर्फ अपनी शर्तों पर जीना सीखो।
- हमें कोशिश करके जिंदगी के हर दिन का मजा लेते रहना चाहिए, वरन जिंदगी तो हमसे मजे लेती ही रहेगी।
- अगर मन में कोई सवाल हो, तो तुरंत पूछ लेना चाहिए, वरन यह लंबे समय तक हमें अपने जाल में उलझाए रखेगा।
- भगवान ने प्रतिभा तो सभी को दी है, लेकिन उसे अपने कर्मों से हकीकत में बदलने का काम हमें ही करना पड़ता है।
- यह गलत बात है कि दूसरे लोग हमें बर्बाद करते हैं, असल में हमारी बेवकूफियाँ ही हमारी बर्बादी का कारण बनती हैं।

- खुशियों के बिना जिंदगी अधूरी है, समझदार कलाकार ही समझते हैं कि खुशियाँ जिंदगी के लिए कितनी जरूरी हैं।
- जीवन में खुश रहने सबसे अच्छा फॉर्मूला एक ही है कि अपनी जिंदगी का रिमोट कभी किसी दूसरे के हाथ में मत दो।
- पानी की प्यास और लोगों की बकवास तो हमेशा ही चलती रहेगी, आप सिर्फ अपनी कला और कॉमेडी पर फोकस रखो।
- कामयाब होने का एक मात्र तरीका यही है कि बेकार की बातें सुनना छोड़ दो और सिर्फ लक्ष्य की ओर आगे बढ़ते रहो।
- कभी भी किसी की भावनाओं के साथ नहीं खेलना चाहिए, क्योंकि हो सकता है कि वह हमारे से अच्छा खिलाड़ी हो।
- जब तक मुँह पर कोई कुछ नहीं बोलता, तब तक खुश रहो, पीठ पीछे लोग क्या बोलते हैं, उसकी परवाह कभी मत करो।
- दुःख-परेशानी के बारे में सोचना बेकार है, क्योंकि इससे आधी मेहनत करके हम अपने जीवन को खुशहाल बना सकते हैं।
- अपनी कमियों से कभी भी घबराना नहीं चाहिए, क्योंकि सभी के पास सबकुछ नहीं होता, आसमान के पास भी तो जमीन नहीं है।
- कामयाब कॉमेडियन बेकार की बातों को एक कान से सुनकर दूसरे से निकाल देते हैं, तभी तो वे खुद को सँभाल पाते हैं।
- अधिकतर लोग खुशियों को भुलाकर शायद इसलिए परेशान हैं, क्योंकि उन्हें लगता है कि यह भी आजकल का एक फैशन है।
- जब तक हमारे अंदर आत्मविश्वास की कमी रहेगी, हम चाहकर भी अपने हुनर को दूसरों के सामने ठीक से नहीं दिखा पाएँगे।
- कुछ लोगों के पास क्या कमाल का हुनर होता है कि वे छोटी सी समस्या को हल करने के बजाय राई का पहाड़ बना देते हैं।

- कुछ लोगों को बार-बार बेवकूफ कहकर शर्मिंदा नहीं करना चाहिए, क्योंकि वे पहले से ही इस बात को अच्छे से जानते हैं।
- जोक्स सुनाकर लोगों को हँसाना एक बात है, लेकिन मजाक-मस्ती ऐसी होनी चाहिए कि हम सुनने वालों के दिल में जगह बना पाएँ।
- टाइम पास करने के लिए जब कोई दोस्त पास न हो, तो खुद से ही थोड़ी-बहुत बेकार की बातें कर लेनी चाहिएँ, मन लगा रहता है।
- आपके अंदर दूसरों को खुश करने के गुण होने चाहिए, आपको इस बारे में सोचने की जरूरत नहीं कि कोई कम हँसा है या अधिक।
- अगर कोई व्यक्ति आपकी कला की कद्र नहीं करता, तो उसका जवाब ऐसे सलीके से देना चाहिए कि वह खुद ही शर्मिंदा हो जाए।
- हर तरह की चिंता से बचना इसलिए भी जरूरी है, क्योंकि वह हमारे आने वाले सुनहरे कल को मिट्टी में मिला सकती है।
- अगर किसी को हमारे मजाक पसंद न आ रहे हों, तो उसे बड़े ही प्यार से कहना चाहिए कि चल भाई अपना रास्ता नाप।
- जीवन में हर किसी से गलतियाँ तो होती ही रहती हैं, लेकिन हमें उन गलतियों को भुलाकर सिर्फ उनके सबक याद रखने चाहिए।
- कुछ जोक्स को लिखने के लिए बहुत मेहनत की जाती है, लेकिन यह जरूरी नहीं होता कि हमारा हर मजाक सभी को पसंद आए।
- आत्मविश्वास और सकारात्मक विचार रखने का सबसे बड़ा फायदा यह होता है कि इसी से हमारे जीवन में बहुत सारे चमत्कार होते हैं।
- जब कभी खुद के अंदर कमियाँ दिखाई दें तो अपने कमीने दोस्तों के बारे में सोचो, एक मिनट में कमाल का आत्मविश्वास पैदा हो जाएगा।

- आजकल अक्सर लोग हेलो बोलने के बाद कहते कि 'कुछ और सुनाओ' फिर जब आगे से उन्हें कुछ सुना दो तो तुरंत बुरा मान जानते हैं।
- कुछ लोग इतने अजीब होते हैं कि कोई भी उनका कुछ नहीं बिगाड़ सकता, क्योंकि खुद को बर्बाद करने के लिए अकेले ही काफी होते हैं।
- बेकार की परेशानियों से बचने का सबसे बढ़िया तरीका एक ही है कि हम जिस काम को दिल से प्यार करते हैं, उसे करना शुरू कर दें।
- छोटी सी बात कहकर किसी को भी रुलाना तो बहुत आसान है, लेकिन किसी रोते हुए को हँसाने के लिए खास हुनर की जरूरत होती है।
- हम मुसीबत के समय बेशक किसी की पैसे से मदद न कर पाए, लेकिन हम उसे हिम्मत और हौसला देकर काफी हद तक खुशी दे सकते हैं।
- जो लोग आपकी निंदा करते हैं, उनसे परेशान होने की जरूरत नहीं होती, क्योंकि इसी से मालूम पड़ता है कि आप उनसे आगे चल रहे हो।
- हमारी हैसयित और औकात वैसी ही बनती है, जैसी हमारी सोच और विचार होते हैं, इसलिए मन में सदैव सकारात्मक विचारों को ही रखें।
- कुछ लोग छोटी सी बात को भी कहने से इतना डरते कि बात शुरू करने से पहले ही भेड़ बकरियों की तरह 10 बार 'मैं-मैं' करते रहते हैं।
- सफल और असफल इनसान की जिंदगी में एक छोटा सा फर्क

होता है कि एक जबरदस्ती काम करता है और दूसरा जबरदस्त काम करता है।

- अधिकतर लोग मानते हैं कि हम वही बन पाएँगे, जो हमारे नसीब में होगा, लेकिन सच्चाई तो यह है कि नसीब सिर्फ हमारी मेहनत से ही बनता है।
- यह बिल्कुल झूठ है कि मर्द को दर्द नहीं होता, वह अपने चेहरे पर बेशक झूठी मुस्कान दिखाने की कोशिश करे, लेकिन अंदर से उसका दिल बहुत रोता है।
- कॉमेडी करते समय किसी भी बात में जरूरत से अधिक नहीं डूबना चाहिए, वरन बहुत बुरा हाल होता है, अगर ऐतबार न हो तो बिस्कुट से पूछकर देख लेना।
- किसी भी कॉमेडियन का हर प्रोग्राम उसकी मर्जी मुताबिक नहीं होता, लेकिन आपको घबराने की जरूरत नहीं, क्योंकि आप माहौल ही नहीं, हालात भी बदल सकते हैं।
- किसी भी इनसान के मन में क्या है, यह जानना बहुत कठिन है, क्योंकि यही एक मात्र ऐसा जानवर है, जिसकी शक्ल देखकर उसकी नस्ल नहीं पहचान सकते।
- सफल कॉमेडियन खुद को दूसरों से बेहतर बनाने में इतना समय लगा देते हैं कि उनके पास कभी किसी दूसरे की आलोचना करने या सुनने का समय ही नहीं बचता।
- कुछ लोग हर चीज में कमियाँ निकालने में माहिर होते हैं, शादी में जाएँगे तो दूल्हा-दुलहन में कमी निकाल देंगे, अगर वहाँ दाल नहीं गली तो खाने में कमी निकाल देंगे।
- हमें कभी भी इस बात की चिंता नहीं करनी चाहिए कि हमारे साथ क्या कुछ बुरा हो सकता है, बल्कि हमें इस बात की खुशी मनानी

चाहिए कि कल हमारे साथ क्या कुछ अच्छा होने वाला है।

- अक्सर लोग कहते हैं कि पैसा खुशियों की चाबी नहीं होता, लेकिन हमारा यह मानना है कि अगर पैसा पास हो तो फिर जहाँ खुशियाँ रहती हैं, हम उस ताले की चाबी आसानी से बनवा सकते हैं।
- कुछ लोग गिलास को देखकर कहते कि यह आधा खाली है, तो कुछ कहते कि आधा भरा हुआ है, लेकिन खुश रहने वाले लोग जो कुछ भी गिलास में होता है, उसे पीकर उसका आनंद उठाते हैं।
- यदि हमें पहली बार में सफलता नहीं मिलती, तो हमें उस काम को बार-बार करना चाहिए, इसके बावजूद भी अगर हम कामयाब नहीं हो पाते, तो फिर अपनी बेवकूफियों को देखना जरूरी होता है।

12

उल्टे-सीधे सवाल-जवाब

- क्या कोई जानता है कि विवाह शब्द में आह छिपा होता है या वाह ?
- सभी लोग दिल के बुरे नहीं होते, कुछ का दिमाग भी खराब होता है।
- किसी भी कपड़े के कच्चे रंग दूसरे कपड़ों पर पक्के कैसे हो जाते हैं ?
- क्या कोई बता सकता है कि अगर इतिहास गवाह है, तो भूगोल क्या है ?
- जो लोग अपने मन को मारते हैं, वे उसकी लाश को कहाँ दफनाते हैं।
- सबसे पहले जिस व्यक्ति ने दही जमाया था, वह जावण कहाँ से लाया होगा ?
- सब्र का बाँध किस मैटरियल से बनता है और यह कितना लंबा बनाना चाहिए ?
- दुनिया में सबसे आखिर में मरने वाले व्यक्ति का अंतिम संस्कार कौन करेगा ?
- आजकल के युवाओं में नकारात्मकता के प्रति बहुत सकारात्मकता क्यों होती है ?
- जिस किसी ने भी पहली बार घड़ी बनाई थी, उसने समय किस से मिलाया था ?

- बहुत जोर से याद आ रही है, लेकिन किस की आ रही है, यह कैसे मालूम करें?
- गलतियों पर पर्दा डालने के लिए कौन से कपड़े का पर्दा ज्यादा अच्छा रहता है?
- वक्त कितना भी बुरा क्यों न हो कट ही जाता है, बस फोन पूरा चार्ज होना चाहिए।
- कुछ लोगों के दिन बुरे होते हैं, लेकिन कुछ बेचारों का सारा जन्म ही बुरा होता है।
- क्या कोई बताएगा कि मैगी को ग्रीन टी में बनाने से मोटापा कम हो जाएगा या नहीं?
- जब पिताजी कहें कि दूर हो जाओ मेरी नजरों से, तो कितना दूर जाना ठीक रहता है?
- क्या आप जानते हैं कि हर समय रोने-धोने वालों के पास ताश में भी बेगम नहीं आती?
- फेसबुक का असली मतलब होता है, जो फेस अच्छा लगे, उसे तुरंत बुक कर देना चाहिए।
- इनसान जब रोता है तो आँसू गिरते हैं, लेकिन जब जोर से हँसता तो दाँत क्यों नहीं गिरते?
- पत्नी ने रोते हुए पति को उठाया, क्या कोई बताएगा कि पति-पत्नी में से कौन रो रहा है?
- आजकल औरतों को अबला नहीं कहना चाहिए, वरना वो तबला बजाने में देर नहीं लगातीं।
- जो लोग दूसरों के दिलों में रहते हैं, वे मुफ्त में रहते हैं या उनको भी किराया देना पड़ता है?

- क्या कोई बताएगा कि पेट के अंदर तो सबकुछ जाता है, लेकिन पेट अंदर क्यों नहीं जाता?
- इस दुनिया में कुछ नहीं रखा, जो कुछ रखा है, वो सब फ्रिज में, खाओ, पियो और ऐश करो।
- अक्सर लोग कहते हैं कि कुछ और सुनाओ, जब जरा सा सुना दो तो मुँह क्यों फुला लेते हैं?
- आजकल लोगों का मूड भी चीन की चीजों की तरह हो गया है, कभी भी खराब हो जाता है।
- क्या आप जानते हैं कि बिना जान-पहचान के किसी के दिमाग को चाटने को चैटिंग कहते हैं?
- सरकार तरक्की के लिए इतने ठोस कदम उठाने का वादा करती है कि वे कभी उठते ही नहीं।
- क्या आप जानते हैं कि हमारे देश में एक चीज सबसे अधिक खाई जाती है और वो है 'कसम'।
- हमारे देश के नेता जितने अधिक लालची होते हैं, लोग उन्हें उतना ही अधिक शरीफ समझते हैं।
- कुछ लोगों का मानना है कि इनसान को आलसी ही रहना चाहिए, क्योंकि मेहनत तो गधे करते हैं।
- हमारे देश में हर कोई बिना पूछे ही एक-दूसरे को राय देते रहते हैं, इस पर आपकी क्या राय है?
- हमारे माँ-बाप को अंग्रेजों ने दु:खी किया हुआ था और हमारी जिंदगी अंग्रेजी ने हराम कर रखी है।
- अंग्रेजी की ढेरों डिग्रियाँ रखने वाले भी यह क्यों नहीं जानते कि हिंदी को अंग्रेजी में क्या कहते हैं?

- दुनिया भर में नोटों पर तस्वीर मर्दों की लगती है, लेकिन कब्जा हमेशा औरतों का ही क्यों रहता है ?
- कभी-कभी मेरे दिल में ख्याल आता है कि जब मेरे पास दिमाग है, तो ख्याल दिल में क्यों आता है ?
- एक आदमी अगर कोई बड़ी गाड़ी लेता है, तो मोहल्ले वालों के पेट में क्यों दर्द शुरू हो जाता है ?
- ज्ञानी लोगों के साथ कितना भी समय गुजार लो, लेकिन असली अनुभव बेवकूफ लोग ही सिखाते हैं।
- सबसे पहले तो यह बताओ कि जब किसी का मजाक उड़ाया जाता है, तो वह उड़कर कहा जाता है।
- सभी लोग कहते हैं कि दूध में बहुत ताकत होती है, अगर यह सच होता तो दूध के दाँत क्यों टूटते हैं ?
- बादाम और जूते में भी क्या अजीब समानता होती है, दोनों को खाने से ही अकल ठिकाने पर आती है ?
- क्या कोई बता सकता है कि धोखा खाने के बाद पानी पीना ठीक रहता है या कोल्ड ड्रिंक पीनी चाहिए ?
- हर गलती सॉरी कहकर माफ नहीं होती, कुछ लोगों को दो-चार थप्पड़ भी लगाने से ही समझ आती है।
- बरसात से पहले बादल इसलिए गरजते हैं, ताकि आप लोग पकौड़े बनाने की तैयारी आराम से कर सकें।
- खुशी नाम की लड़कियाँ कहाँ रहती हैं, क्योंकि अक्सर कहा जाता है कि खुशी का कोई ठिकाना नहीं होता।
- अक्सर लोग कहते हैं कि चार दिन की जिंदगी है, मैं तो 40 का हो गया हूँ, कहीं मैं अमर तो नहीं हो गया।

- दुनिया में सबसे अधिक पूछा जाने वाला सवाल 'और बताओ' और इसका जवाब सब ठीक है, 'आप बताओ'।
- दुनिया में चारों तरफ पाप तेजी से फैल रहा है, पाप को धोने के लिए सबसे अच्छा साबुन कौन सा होता है?
- जो लोग यह कहते हैं कि इस दुनिया में कुछ भी नामुमकिन नहीं है, उनसे कहो कि जरा अंडा देकर दिखाओ।
- अगर कोई पत्थर दिल हो तो भी घबराना नहीं चाहिए, आप छेनी, हथौड़ा लेकर अपना रास्ता बना सकते हो।
- लोग कहते हैं कि प्यार करना बुरी बात है, यह जिंदगी बर्बाद कर देता है तो क्या सभी से नफरत करनी शुरू दें?
- स्कूल के बच्चे जानना चाहते हैं कि जब मरने के बाद पैसा साथ नहीं जाता तो पढ़ाई कौन सा साथ जाएगी?
- कोई दोस्त बिना वजह अगर बहुत दिनों तक रूठा रहे तो उसे मनाने के लिए कौन सी चप्पल ठीक रहती है?
- यह सच है कि सफल कॉमेडियन हर किसी का दिल जीत लेते हैं, लेकिन वे इतने सारे दिल रखते कहाँ हैं?
- आज के दौर में थोड़ा बचकर रहना चाहिए, क्योंकि खाँसी और जुकाम की तरह प्यार कभी भी हो सकता है।
- क्या आप जानते हैं कि गूगल सिर्फ ज्ञान बाँटता है, संस्कार नहीं, इसीलिए बच्चों में संस्कार खत्म होते जा रहे हैं।
- जिन लोगों को पैदल चलने में भी चक्कर आते हैं, वे फिर भी दूसरे लोगों को अपने चक्कर में कैसे फँसा लेते हैं?
- आज तक कोई भी ज्ञानी यह नहीं समझा पाया कि नींद और पढ़ाई की लड़ाई में हमेशा नींद ही क्यों जीतती है।

- क्या कोई बताएगा कि गब्बर सिंह की न बीवी थी, न बच्चे थे, फिर भी वह इतनी लूटपाट किसके लिए करता था?
- जिन लोगों को हम एक आँख से नहीं भाते, वे दूसरी आँख से देखने की कोशिश करें, उन्हें हम जरूर पसंद आएँगे।
- हमारा देश सच में महान् है, यहाँ दीवारों पर लिखकर लोगों को समझाया जाता है कि दीवार पर लिखना मना है।
- हर कोई कहता है कि बीती बातों पर मिट्टी डालो, कोई यह तो बताओ कि कौन सी मिट्टी डालनी ठीक रहेगी?
- लोग कहते हैं कि बिना वजह बहस करने से रिश्ते कमजोर हो जाते हैं, तो क्या थप्पड़ मारने से मजबूत हो जाएँगे?
- कुछ लोग लाखों में एक होते हैं, लेकिन हर किसी को खुश करने वाले कॉमेडियन सारी दुनिया से अलग ही होते हैं।
- इश्क जब तक अधूरा रहे, तभी तक अच्छा है, वरना तो सारी उम्र बीवी की फरमाइशें पूरी करते हुए थक जाओगे।
- क्या कोई बताएगा कि पाप का घड़ा कितने समय में भरता है और उसके भर जाने पर दूसरे घड़े कहाँ से मिलते हैं?
- कुछ लोगों के पास अक्ल की इतनी कमी होती है कि वे बेचारे न तो कॉमेडी को समझ पाते हैं और न ही कॉमेडियन को।
- आमतौर पर कहा जाता है कि बाप का अंतिम संस्कार पुत्र ही करता है, फिर रावण को हर साल जलाने वालों को क्या कहेंगे?
- यह सच है कि कुछ लोग बहुत भाव खाते हैं, लेकिन कोई यह क्यों नहीं बताता कि यह भाव हाथ से खाते हैं या चम्मच से?
- आमतौर पर कहा जाता है कि रात गई, बात गई, लेकिन आज तक किसी ने यह नहीं बताया कि यह बात जाती कहाँ है?

- जिंदगी में पैसा ही सबकुछ नहीं होता, ऐसा सोचने वाले अपने पैसे हमारे यहाँ भिजवा सकते हैं, हम बिल्कुल बुरा नहीं मानेंगे।
- एक लड़का सिर्फ इस बात को लेकर वैज्ञानिक बन गया कि चप्पल की खोज पहनने के लिए हुई थी या पीटने के लिए।
- अक्सर लोग कहते हैं कि मेरा तो दिल ही टूट गया, लेकिन दिल में तो कोई हड्डी होती ही नहीं, फिर यह कैसे टूट जाता है?
- चंद लोग दिल टूटने के बाद भी लोग बार-बार इश्क इसलिए करते हैं, क्योंकि जब हड्डियाँ न टूटें, उन्हें मजा ही नहीं आता।
- जो लोग जरूरत से अधिक किसी काम के बारे में सोचते हैं, वे करना तो कुछ और चाहते हैं, लेकिन हो कुछ और ही जाता है।
- सारी उम्र गुजार लेने के बाद भी एक बात समझ नहीं आई कि हम जब कभी घरवालों से नाराज होते हैं, तो खाना क्यों नहीं खाते?
- एक बात समझ नहीं आती कि हमारे देश में एक आदमी मंत्री बनता है, तो उसके सभी रिश्तेदारों के दिमाग क्यों हिल जाते हैं?
- सर्दियों के सीजन में इतनी अधिक शादियाँ क्यों होती हैं, क्या दूल्हे-दुल्हन पर कोई खास किस्म का डिस्काउंट मिलता है?
- एक बात समझ में नहीं आती कि गलती तो बच्चे करते हैं, लेकिन उनकी मम्मी गालियाँ उनके मोबाइल फोन पर क्यों निकालती है?
- लोगों की टाँगें छोटी हों या बड़ी, लेकिन दूसरों के काम में जरूर अड़ाएँगे, फिर चाहे बाद में सारी उम्र के लिए लँगड़े ही हो जाएँ।
- आम आदमी के वोट में भी अजीब जादू होता है, वह जिस किसी को भी देता है, वह कुछ ही दिनों बाद करोड़पति बन जाता है।
- आजकल की पीढ़ी इतनी स्मार्ट हो गई है कि अगर गलती से भी कोई गलती हो जाए तो वे सारा कसूर गलती पर ही मढ़ देते हैं।

- आजकल के दोस्त हर बात पर जान देने की कसम खाते हैं, लेकिन अगर गलती से 100 रुपए उधार माँग लो, तो 200 बहाने सुना देते हैं।
- जितना दिल बच्चों का मोबाइल फोन में लगता है कसम से, अगर उससे आधा भी पढ़ाई में लगने लग जाए तो सारे जीनियस बन जाएँ।
- वैज्ञानिक कहते हैं कि कोई भी इनसान दिमाग के बिना जिंदा नहीं रह सकता, लेकिन मैं हैरान हूँ कि मेरे सारे दोस्त अभी तक कैसे जिंदा हैं?
- घर वाले हर समय कहते रहते हैं कि फेसबुक, यू-ट्यूब बंद कर दे, लेकिन कभी भी कोई यह नहीं बताता कि इसका ढक्कन कहाँ से मिलेगा?
- कुछ लोग अपनी बात कहने से पहले कहते हैं कि बुरा मत मानना, लेकिन उनकी बात सुनकर दिल करता है कि ऐसे लोगों को जूते मारने चाहिए।
- अक्सर लोग चीनी सामान को खराब बताते हैं, लेकिन जब शादी करके बहू को घर लाते हैं, वह भी कई बार अच्छी नहीं निकलती, तो उसके लिए किसे दोष दोगे?
- हर समय चिंता में डूबे रहने वाले व्यक्ति ने बताया कि मैं इस बात से परेशान हूँ कि अगर भगवान ने हमारी नाक न बनाई होती तो हम साँस कहाँ से लेते।
- रिश्वत देने वाले को मुश्किल होती है, तो रिश्वत लेना भी कोई आसान काम नहीं है, अपना जमीर मार कर भिखारियों की तरह गिड़गिड़ाकर माँगनी पड़ती है।
- स्कूल में अक्सर बच्चों से पूछा जाता है कि अकबर का जन्म कब

और कहाँ हुआ था। अब बच्चे स्कूल में पढ़ाई करने जाते हैं, वे डिलिवरी बॉय तो हैं नहीं।

- अक्सर लोग कहते हैं कि सारी जोड़ियाँ भगवान बनाता है। ऐसी बात नहीं है, इनसान ने भी बहुत सारी जोड़ियाँ बनाई हैं, जैसे—दही-भल्ले, दाल-कचौड़ी, समोसे-चटनी।
- कुछ लोगों को इस बात की चिंता सताती रहती है कि हम जब कभी रोते हैं तो आँसू गिरते हैं, लेकिन हमारे हँसने पर अगर दाँत गिरने शुरू हो गए तो क्या करेंगे?
- एक बात हर वक्त परेशान करती रहती है कि यह जो लोग रोज सुबह 'गुड मार्निंग' के संदेश भेजते हैं, वे कभी गलती से खाने-पीने और नाश्ते का समान क्यों नहीं भेजते?
- एक बात बिल्कुल सच्चे मन से बताना कि जब शरीर को कसरत की जरूरत हो और मन शाही पनीर, बटर नान, छोले-भटूरे आदि खाना चाहे तो किस की बात माननी चाहिए?
- ब्रह्मांड और बेवकूफियों की कोई सीमा नहीं होती, हालाँकि ब्रह्मांड के बारे में वैज्ञानिकों ने बहुत-कुछ जान लिया है, परंतु बेवकूफ लोगों के बारे में अभी भी दावे से कुछ नहीं कहा जा सकता।
- टीचर ने बच्चों से पूछा कि माता-पिता के बाद सबसे आगे बढ़ने की प्रेरणा कौन देता है? क्लास के सबसे होशियार बच्चे ने जवाब दिया कि बस का कंडक्टर। क्योंकि वह सारा दिन एक ही बात बोलता रहता है—चलिए, चलिए, आगे बढ़ते रहिए।

13

श्रीमान-श्रीमती

पति-पत्नी में प्यार के साथ थोड़ी-बहुत नोंक-झोंक तो हर समय चलती ही रहती है। इसीलिए शायद इस दुनिया में सबसे अधिक मजाक पति-पत्नी के रिश्तों पर ही बनाए जाते हैं। हम भी आपके लिए श्रीमान-श्रीमती जी के कुछ मजेदार चुटकले लिख रहे हैं। इससे आपको एक और हँसने-हँसाने का मौका तो मिलेगा ही, साथ ही आपके लिए कॉमेडी करने के लिए बहुत सारा रेडिमेड मसाला तैयार हो जाएगा।

- पत्नी का नाम रेखा हो या जूली, पति को सभी बनाकर रखती हैं कुली।
- खामोशी औरत का एक ऐसा गहना है, जो वह सिर्फ सोते समय ही पहनती है।
- एक सुखी पति था, अब जाँच चल रही है, वह किसका था और सुखी कैसे था।
- पत्नी से बहस करना बिल्कुल वैसा ही है, जैसाकि अपने दादा को कंप्यूटर सिखाना।
- शादी भी हवाई यात्रा की तरह होती है, आदमी चाहकर भी रास्ते में नहीं उतर सकता।
- जीवन में शादी करना भी जरूरी है, वरन मन की बात रेडियो पर जाकर करनी पड़ती है।

- शादी करवाने के बाद समझ आया कि जब दिशा उल्टी हो जाती है, तो उसे शादी कहते हैं।
- हर औरत की एक ही इच्छा होती है कि वह सारी उम्र पतली भी रहे और पति पर भारी भी रहे।
- पति पत्नी से—'जान ही लेनी थी तो यूँ ही माँग लेती, बिना मेकअप के आने की क्या जरूरत थी।'
- आजकल घर में पतियों को उतनी ही इज्जत मिलती है, जितनी की खाने की थाली में अचार को।
- हर पति की किस्मत चाय की तरह होती है, उसे हर हाल में पत्नी के हाथों उबलना ही पड़ता है।
- जो इनसान अपनी पत्नी को खुश रखना सीख ले, वह एक बहुत ही कामयाब कॉमेडियन बन सकता है।
- छुट्टी वाले दिन आराम से क्रिकेट मैच देखना हो तो सुबह-सुबह थोड़ी देर बीवी से झगड़ा कर लो।
- कोई इनसान कितना भी बहादुर क्यों न हो, लेकिन वाइफ की एक मिस कॉल देखते ही होश उड़ जाते हैं।
- किसी दिन अगर औरतों को दिमाग पढ़ने की कला आ गई तो आदमियों को सारा दिन चाँटे खाने पड़ेंगे।
- कहते हैं कि शादी के लिए जोड़ियाँ भगवान बनाते हैं, लेकिन जूतों से बढ़िया जोड़ी वह भी नहीं बना पाया।
- पत्नी ने पति से कहा कि डॉक्टर ने खून की कमी बताई है, अब आप ही बताओ कि किस से शुरुआत करूँ।
- जब तक औरतें शादी के बाद भाव खाना कम नहीं करेंगी, तब तक उनका वजन कभी कम नहीं हो सकता।

- पुराने लोगों के लिए प्यार एक अहसास की तरह होता था, आज की पीढ़ी को यह सबकुछ बकवास लगता है।
- पति कितना भी पढ़ा-लिखा हो, लेकिन पत्नी के सामने उसका सारा ज्ञान-विज्ञान एक मिनट में फेल हो जाता है।
- शादी करने के बाद सुखी रहने का एक ही फॉर्मूला है कि शादी से पहले ही अपनी सारी इच्छाओं को त्याग दो।
- हर आदमी बीवी को लेकर परेशान दिखाई देता है, कुछ घर लाकर परेशान है तो कुछ उसे घर लाने के लिए।
- अगर बेइज्जती होने से ही दिल का दौरा आता हो तो हर पति एक दिन में दो-चार बार तो जरूर मर जाता।
- क्या आप जानते हैं कि खर्राटे सिर्फ वही पति मारते हैं, जो दिन में पत्नी के सामने अपना मुँह नहीं खोल पाते।
- शादी करना कोई आसान काम नहीं है, सारी उम्र दूसरों को परेशान करने के लिए बहुत हिम्मत की जरूरत होती है।
- कोई कलाकार कितना भी होशियार क्यों न हो, लेकिन छुट्टी वाले दिन वह भी आलस्य की गिरफ्त में आ ही जाता है।
- पत्नी ने पति से कहा कि सोने की चैन कब दोगे। पति ने जवाब दिया कि पहले यह बताओ कि चैन से कब सोने दोगी।
- पति ने पत्नी से कहा कि यह क्या हालत बना रखा है, कुछ लेती क्यों नहीं। वह झट से बोली कि लाओ 10,000 रुपए दो।
- मैगी और पत्नी दोनों ही एक जैसी होती हैं, मैगी दो मिनट में बन जाती है और बीवी दो मिनट में बिगड़ जाती है।
- हर इनसान को एक बार तो शादी जरूर करनी चाहिए, ताकि उसे समझ आ सके कि शादी क्यों नहीं करनी चाहिए।

- शादीशुदा लोग जानते हैं कि इस दुनिया में अगर कोई सबसे खतरनाक प्राणी है, तो वह है घर में चुप बैठी औरत।
- आदमी बेशक कितने भी समझदार क्यों न हों, लेकिन शादी के समय उन्हें शेरनी भी गाय की तरह ही दिखाई देती है।
- नटखट तो सिर्फ बचपन होता है, शादी के बाद नट तो सारे ढीले हो जाते हैं, सारी जिंदगी खट-खट ही रह जाती है।
- कुछ लोगों का मानना है कि लड़कियों को ऑक्सीजन की जरूरत नहीं होती, वे झूठी तारीफों पर भी जी सकती हैं।
- बहुत सारे मर्द फौज में जाने से इसलिए मना कर देते कि उनकी बीवी तो उनसे डरती नहीं, दुश्मन क्या खाक डरेगा।
- हम बेशक हिंदू, मुसलिम, सिख, ईसाई कोई भी हों, लेकिन लुगाई हर किसी को तीर की तरह सीधा करना जानती है।
- हर पत्नी की एक ही इच्छा होती है कि काश! उसका पति अदरक की तरह होता, सुबह-शाम जी भरकर कूट सकती।
- हमें हमेशा खुश रहना चाहिए, क्योंकि एक-न-एक दिन शादी तो सभी की होनी है और होनी को कोई टाल नहीं सकता।
- पुराने जमाने में लड़के-लड़कियाँ एक-दूसरे को गैलरी में पटाते थे, लेकिन आजकल तो सिर्फ सैलरी से ही सेटिंग हो पाती है।
- भगवान ने शादी भी कितनी अजीब चीज बनाई है कि कोई करवाने के लिए रो रहा है और कोई तुड़वाने के लिए रो रहा है।
- पति-पत्नी का प्यार आग की तरह होता है, यह किसी को खुशी देता है और कुछ लोगों को जलाकर राख कर देता है।
- पति ने दु:खी होते हुए पत्नी से कहा कि मैं मरने जा रहा हूँ। पत्नी— कहीं भी जाओ, लेकिन शाम को टाइम पर घर आ जाना।

- बेटियों को बचाना और पढ़ाना अच्छी बात है, लेकिन उन्हें ठीक से स्कूटी चलाना सिखाना भी माँ-बाप का फर्ज बनता है।
- मौसम विभाग वाले यह तो बता देते हैं कि बादल कब बरसेंगे, लेकिन बीवी कब बरसेगी, यह उनका बाप भी नहीं बता सकता।
- हर पति को दिन में पायल की आवाज बहुत मधुर लगती है, लेकिन गलती से रात को सुनाई दे जाए तो जान निकाल देती है।
- आजकल सच्चा प्यार पाने के लिए भी पहले मरना पड़ता है, क्योंकि जीते-जी तो कोई किसी की दिल से तारीफ नहीं करता।
- औरतों का दिमाग आदमियों के दिमाग से काफी तेज होता है, क्योंकि वे हर कुछ समय बाद अपना 'माइंड चेंज' करती रहती हैं।
- सच्चा प्यार करना हो, तो ताले और चाबी की तरह करो, एक-दूसरे के बिना वे टूट तो जाएँगे, लेकिन कभी अलग नहीं होते।
- जवानी में हर कदम बहुत ही सोच-समझकर चलना चाहिए, क्योंकि एक गलत कदम आपको शादी के जाल में फँसा सकता है।
- सच्चे प्यार का उदाहरण देखना हो तो मोबाइल फोन और चार्जर का देखो, दोनों एक-दूसरे के बिना एक दिन भी नहीं रह पाते।
- शादीशुदा जिंदगी आराम से गुजारनी हो तो पहले दिल की सुनो, फिर दिमाग की और उसके बाद वह सबकुछ करो, जो बीवी कहे।
- हमेशा खुश रहने वाले सबसे पहले दिल की सुनते हैं, फिर दिमाग की और उसके बाद वही करते हैं, जो उनकी पत्नी कहती है।
- एक आदमी ने अपने दोस्तों से कहा कि यार, तुम तो मेरी कुछ इज्जत किया करो, बेइज्जती तो मेरी पत्नी सारा दिन करती रहती है।
- आजकल की औरतें बेचारी हर समय परेशान रहती हैं, क्योंकि उन्हें समझ ही नहीं आता कि पहले फोन पर जोक्स देखें या खाना बनाएँ।

- आजकल हर लड़की की एक ही इच्छा होती है कि शादी वहीं हो, जहाँ या तो सास न हो या सास बिल्कुल कोई काम न करवाए।
- नखरे तो शादी से पहले होते थे, अब तो घीया/लौकी की सब्जी खाकर भी कहना पड़ता है कि जानू, तुम्हारे हाथों में तो जादू है।
- अपने खानदान का इतिहास जानने का शौक हो तो एक बार अपनी पत्नी के सामने उसके मायके वालों की थोड़ी सी बुराई कर देना।
- जो लोग औरतों को अच्छे से समझ लेते हैं, वे ज्ञानी, विद्वान् या महान् नेता बन जाते हैं, बाकी के सभी बेचारे पति बनकर रह जाते हैं।
- पति ने पत्नी से कहा कि मैं शादी के बाद तुम्हें कभी शिकायत का कोई मौका नहीं दूँगा, पत्नी—मैं तुम्हारे मौके की मोहताज नहीं हूँ।
- एक आदमी ने अपनी प्रेमिका से कहा कि मैं तुम्हारे लिए नरक तक जा सकता हूँ, अब उनकी शादी हो गई है, वह नरक में जिंदगी गुजार रहा है।
- सच्चा प्यार करने वाले कभी भी भगवान और शैतान के बीच फर्क को नहीं देखते, वे तो हर किसी को प्यार से देखना जानते हैं।
- क्या आप जानते हैं कि जो आदमी दिन में अपनी बीवी से लड़ाई-झगड़ा करता रहता है, वह रात को कभी भी चैन से न सो नहीं पाता।
- अक्सर लोग कहते हैं कि जहाँ बेइज्जती हो, वहाँ नहीं जाना चाहिए, अब ऐसे लोगों से पूछो कि क्या हम अपने घर भी जाना छोड़ दें।
- भगवान ने पहले आदम को बनाया, उसके बाद हव्वा को, क्योंकि वह नहीं चाहता कि हव्वा उसके बनाए हुए आदमी में कमियाँ निकाले।

- जहाँ तक हो सके, हमें हमेशा खुश और हँसते हुए रहना चाहिए, क्योंकि कोई नहीं जानता कि किस दिन अचानक हमारी शादी हो जाए।
- जिन औरतों के बैठने से सोफा सेट को भी साँस लेने में मुश्किल हो, वह भी चाहती है कि उनका पति उन्हें हर समय पलकों पर बिठाकर रखे।
- कल तक औरतों को आई लव यू सुनकर बहुत अच्छा लगता था, लेकिन आजकल 50 प्रतिशत डिस्काउंट का बोर्ड उन्हें सबसे प्यारा लगता है।
- पत्नी ने पति से कहा, 'मैंने सुना है कि आजकल एक झूठ पकड़ने वाली मशीन आ गई।' पति ने कहा, 'लेकिन वह तुम्हारे से अच्छी नहीं हो सकती।'
- औरत के पास कमाल का हुनर होता है, वह किसी भी इनसान को करोड़पति बना सकती है, बस शर्त सिर्फ इतनी सी है कि वह पहले से अरबपति हो।
- क्या जमाना आ गया है कि आजकल के माँ-बाप शादी से पहले कुंडली मिलाने के बजाय एक-दूसरे का फोन चेक करने की माँग करने लगे हैं।
- पति हो या पत्नी दोनों ही झूठ बोलते हैं, पत्नी सदा ही यह कहती है कि इनसे पूछना पड़ेगा और पति महाशय कहते हैं कि इससे क्या पूछना।
- क्या आप जानते हैं कि शादी के बाद औरत बेचारी अपने पति से सिर्फ तीन चीजों की इच्छा रखती है—खाना, पीना और ढेर सारी झूठी तारीफ।
- लड़ने-झगड़ने के लिए जिंदगी बहुत छोटी है, इसलिए आजकल

लोग एक ही बात 'भाड़ में जाओ' कहकर सारा किस्सा ही खत्म कर देते हैं।

- कुँआरे लोगों को एक बात सदा याद रखनी चाहिए कि शादी से पहले जो लड़की जान लगती है, शादी के बाद वही लड़की जानलेवा हो सकती है।
- काश! मंगलसूत्र पहनाने से पहले यह मालूम होता कि इसके बाद मंगल सारी उम्र के लिए पीछे लग जाएगा और सारे सूत्र पत्नी के पास चले जाएँगे।
- आज के जमाने में भी कुछ ऐसे लोग हैं, जो पत्नी से प्यार करते हैं और उससे भी बड़ी हैरानगी की बात तो यह है कि वे अपनी पत्नी से प्यार करते हैं।
- सोशल मीडिया पर एक-दूसरे की फोटो देखकर प्यार करने वाले अक्सर पहली बार मिलने के बाद ही हमेशा के लिए एक-दूसरे से दूर हो जाते हैं।
- आजकल के प्रेमी सिर्फ एक ही दुआ माँगते हैं कि मेरी प्रेमिका के साथ जल्दी से शादी करवा दे, मरने के बाद तो फिर सारी उम्र तेरे साथ ही रहना है।
- औरतों के कानों में एक सुराख तो पहले से ही होता है, दो-तीन वह और करवा लेती है, लेकिन फिर भी उन्हें कोई बात एक बार में समझ क्यों नहीं आती।
- कुछ लोगों की किस्मत सच में बड़ी खराब होती है, उनकी पहली अच्छी वाली पत्नी छोड़कर चली जाती है और दूसरी तंग करने वाली कभी छोड़ती ही नहीं।
- कभी भी शादी के बाद पत्नी को पहले दिन सुबह उठकर चाय बनाकर देने की गलती नहीं करनी चाहिए, क्योंकि फिर सारी उम्र

यह काम आपको ही करना पड़ेगा।

- उस पति का सारा दिन परेशानी में गुजरता है, जिसे ऑफिस जाते समय पत्नी कह देती है कि शाम को जरा जल्दी आ जाना, मुझे आपसे कुछ बात करनी है।
- कोरोना के दौरान शादी-विवाह में सिर्फ उन्हीं लोगों को बुलाया जाता था, जिनकी आपस में बोलचाल बंद थी, इसलिए सभी ने बिना कहे ही दूरी बनाकर रखी।
- लोग वैसे ही शादी के बारे में न जाने क्या-कुछ बोलते रहते हैं, शादीशुदा जिंदगी बहुत ही मजेदार होती है, बस शुरू में जरूर 10-15 साल किट-किट होती है।
- एक लड़की ने अपने होने वाले पति से कहा कि मुझे मूँछें बहुत अच्छी लगती हैं, आगे से जवाब मिला कि तो रख लो, मूँछों पर सरकार ने कौन सा टैक्स लगा रखा है।
- पत्नी ने पति से कहा कि हमारा बेटा बहुत सिगरेट पीने लगा है, आप उससे कुछ कहते क्यों नहीं। पति मैं तो कई बार उसे कह चुका हूँ, लेकिन वह मुझे देता ही नहीं।
- पत्नी ने अपनी माँ को फोन करके बताया कि मेरे पति कई दिन से बहुत परेशान हैं, जब भी उनकी समस्या के बारे में पूछती हूँ तो चुपचाप मुझे देखते रहते हैं।
- पति-पत्नी के बारे में अक्सर कहा जाता है कि यह दोनों एक गाड़ी के पहियों की तरह होते हैं, अब यदि जिंदगी की सड़कें ही खराब होंगी तो गाड़ी तो खड़केगी ही।
- अगर कोई औरत आपको कहे कि 'क्या कहा' तो इसका मतलब यह नहीं कि उसने सुना नहीं, बल्कि वह आपको चेतावनी दे रही है कि अपनी बात बदलकर ठीक से बोलो।

- कुछ लोग धर्म के नाम पर, कुछ जाति के नाम पर लड़ते हैं, लेकिन एक बात समझ नहीं आती कि पति-पत्नी बिना किसी बात के सारी उम्र क्यों झगड़ते रहते हैं।
- पत्नी के मायके जाने पर पति ने उसे संदेश भेजा कि तेरे जाने के बाद लगता है कि वक्त थम सा गया हो, लेकिन फिर गौर से देखा तो घड़ी का सेल खत्म हो गया था।
- एक बात समझ नहीं आती कि जब पतियों का मूड खराब होता है, तो वे दारू पीकर उसे ठीक करते हैं, लेकिन औरतें अपना मूड ठीक करने के लिए शॉपिंग क्यों करती हैं?
- पत्नी ने पति से पूछा कि क्या आप एक हाथ से गाड़ी चला लेते हो। पति ने शेखी बघारते हुए कहा कि हाँ, बिल्कुल। पत्नी, फिर जरा दूसरे हाथ से अपनी नाक साफ कर लो।
- कई लड़कियाँ अच्छा नेक पति पाने के लिए शादी से पहले रोज मंदिर जाती हैं, लेकिन शादी के तुरंत बाद वे बंद कर देती हैं, क्योंकि उनका भगवान से भरोसा ही उठ जाता है।
- कुछ समय पहले तक प्यार एक तरफा होता था, फिर दोनों तरफ से शुरू हो गया, आजकल प्यार गेंद की तरह गोल हो गया है, जो हर किसी को दिन-रात घुमाता रहता है।
- दिन में पति को पत्नी की पायल की आवाज बहुत प्यारी लगती है, लेकिन अगर यही आवाज रात के अँधेरे में सुनाई दे तो न जाने पतियों की जान क्यों निकल जाती है।
- पति पत्नी से, आजकल तुम सुबह-शाम भगवान को बहुत याद करती हो, लेकिन इस बात का भी ध्यान रखना कि किसी दिन उसने तुम्हें याद कर लिया तो बहुत मुश्किल हो जाएगी।
- पत्नी ने पति से पूछा कि यह जितने भी बड़े तूफान आते हैं, उनका

स्त्रीलिंग में ही क्यों रखा जाता है ? पति ने मासूमयित से जवाब दिया कि तबाही का काम सिर्फ औरतें ही कर सकती हैं।

- एक लड़के ने लड़की को शादी के लिए प्रपोज किया तो उस लड़की ने कहा कि मुझे पागल कुत्ते ने नहीं काटा। लड़का झट से बोला कि चलो पहले किसी पागल कुत्ते से कटवा देता हूँ।
- कुँवारे लोग मानते हैं कि सिर्फ सात रंग होते हैं, लेकिन शादीशुदा लोग जब पत्नी के साथ सिर्फ नेल पॉलिश खरीदने जाते हैं, तो उन्हें समझ आता है कि दुनिया में सात नहीं, हजारों रंग होते हैं।
- पति ने अपनी पत्नी से कहा कि इतनी महँगाई बढ़ गई है, लेकिन तुम रोज इस भिखारी को बड़े ही प्यार से खाना खिलाती हो, क्या बात है ? पत्नी ने तपाक् से जवाब दिया, क्योंकि यह तुम्हारी तरह खाने में तरह-तरह की कमियाँ नहीं निकालता।
- परेशानियाँ भी बीवी की फरमाइशों की तरह होती जा रही हैं, एक खत्म होती नहीं कि दूसरी पहले आने को तैयार रहती है, लेकिन जो बीवी को सँभाल सकते हैं, उन्हें फिर कोई भी समस्या नहीं हरा सकती।
- हमारे देश का कानून भी कमाल का है, यहाँ शादी करना इतना मुश्किल नहीं, जितना की तलाक लेना, सारी उम्र की कमाई खर्च करने के साथ 15-20 साल समय लगाने के बाद भी तलाक आसानी से नहीं मिलता।
- आमतौर पर कहा जाता है कि पति-पत्नी एक गाड़ी के दो पहियों की तरह होते हैं। जो लोग दो-दो शादियाँ कर लेते हैं, उस गाड़ी को क्या कहें ? भई, सीधी सी बात है, उसे तो गधा गाड़ी ही कहते हैं। क्योंकि पीछे दो पहिए भागते हैं और आगे सारी उम्र बेचारा एक गधा भागता रहता है।

- भाई–बहन का प्यार भी कितना अजीब होता है, हर समय बिना वजह लड़ाई–झगड़ा करना, लेकिन जैसे ही बहन की शादी हो जाती है, तो वह अपने सगे भाई को भूल जाती है, क्योंकि उसे झगड़ने के लिए पति मिल जाता है।
- पति ने डॉक्टर से कहा कि मुझे बहुत ही अजीब सी बीमारी हो गई है, मेरी पत्नी कुछ भी बोलती रहे, मुझे कुछ सुनाई नहीं देता। डॉक्टर ने कहा कि इसको बीमारी नहीं, भगवान की देन समझो, तुम बहुत नसीब वाले हो, जो तुम्हें ऐसी नेहमत मिली है।
- पत्नी पति से, क्या बात आजकल आप मंदिर बहुत जाने लगे हैं? पति ने बड़े ही भोलेपन से कहा, 'यही एक ऐसी जगह है, जहाँ उन्हें आरती, आराधना, पूजा, भावना, श्रद्धा, शांति, प्रीति एवं ज्योति सभी एक जगह मिल जाती हैं।'
- एक पति का अपनी पत्नी के साथ झगड़ा हो गया, दोनों ने जहर खाकर मरने का मन बना लिया। पति झट से बाजार गया और जहर की बोतल खरीदकर ले आया। कुछ देर बाद दोनों ने वह जहर खा लिया, लेकिन दोनों ही बच गए। पत्नी माथे पर हाथ मारते हुए बोली, 'सारी जिंदगी तो कोई ढंग का काम कर नहीं सके, अब मरते समय भी पैसे बर्बाद कर दिए और ढंग का जहर भी नहीं खरीद पाए।'

14

फनी सुविचार

जब कभी भी हास्य कलाकारों की बात होती है, तो सबसे पहले कुछ ऐसे नाम सामने आते हैं, जिनके बिना कभी कोई फिल्म नहीं बन पाती थी। इसके अलावा कुछ हास्य कवियों ने भी अपनी एक अलग ही पहचान बनाई है। उनमें से कुछ मुख्य नाम इस प्रकार हैं। कॉमेडी को और अच्छे से समझने के लिए अब कॉमेडियन यानी हास्य कलाकारों के बारे में जान लेते हैं कि इनकी सोच एवं व्यक्तित्व कैसा होता है।

- चार्ली चैपलिन
- महमूद
- ओमप्रकाश
- जॉनी वाकर
- उत्पल दत्त
- देवेन वर्मा
- राजू श्रीवास्तव
- कपिल शर्मा
- सुनील ग्रोवर—गुत्थी
- असरानी

- कादर खान
- जगदीप
- टुन-टुन
- सुगंधा मिश्रा
- उपासना सिंह
- सुमोना चक्रवर्ती
- भारती सिंह
- जसपाल भट्टी
- शक्ति कपूर
- परेश रावल
- राजपाल यादव
- शैल चतुर्वेदी
- सुरेंद्र शर्मा
- अरुण जैमिनी
- खुश रहने वाले लोग हमेशा खुशहाल और लंबा जीवन जीते हैं।
- खुश दिल इनसान को कोई भी गम कभी परेशान नहीं कर सकता।
- ठंड में हाथ काम नहीं करते और घमंड में दिमाग काम नहीं करता।
- खुश रहने वाले इनसान छोटी-मोटी बातों का कभी भी बुरा नहीं मानते।
- जिन लोगों को हमारी कला पसंद नहीं आती, वे हमें क्या पसंद करेंगे।
- हँसी-मजाक के बिना बिताया हुआ हर दिन, बर्बाद किया हुआ दिन है।
- कमजोर लोग कभी भी खुद पर मजाक सहने की हिम्मत नहीं जुटा पाते।

- इस दुनिया में दर्द को मिटाने का सबसे अच्छा टॉनिक एक मजाक ही है।
- सच्चा हास्य कलाकार अपने दुःख में से भी हँसी ढूँढ़ने का हुनर जानता है।
- हर समय खुश रहना चाहते हो, तो सबसे पहले मन को शांत रखना होगा।
- खुश रहना और दूसरों को खुश रखने से बढ़कर कोई धर्म नहीं हो सकता।
- खुश रहने वाले व्यक्तियों को दूसरों के मुकाबले कामयाबी बहुत जल्द मिल जाती है।
- सबसे गलत बात तो वह होती है, जब तुम भी सही होते हो और मैं भी सही हूँ।
- जो व्यक्ति हमेशा खुश रहना जानता है, उसे कोई भी अनदेखा नहीं कर सकता।
- कॉमेडी बेशक जैसी भी हो, समाज के हर वर्ग को अपनी और आकर्षित करती है।
- जिंदगी की दौड़ में हँसी एक मात्र ऐसा हथियार है, जो सबसे असरदार है।
- जो लोग जिंदगी में कभी हँसते नहीं, अधिकतर लोग उन पर विश्वास नहीं करते।
- हँसी-मजाक के बिना सारा जीवन गड्ढों वाली सड़कों पर चलने जैसा लगता है।
- दुःखों को अपने से दूर रखने में सिर्फ हँसी-मजाक ही हमारी मदद कर सकते हैं।
- जिस दर्द को दवा कम नहीं कर सकती, उसे खुशी एक पल में ठीक

कर देती है।

- सर्कस में भी अधिकतर लोग जोकर के हँसी-मजाक को ही देखना पसंद करते हैं।
- हमारे आसपास जो कुछ भी है, हमारे जीवन की खुशियाँ उन्हीं चीजों में छिपी हुई हैं।
- मैं हमेशा बरसात में घूमना पसंद करता हूँ, ताकि कोई भी मुझे रोते हुए न देख सके।
- जो इनसान खुश रहना जानता है, वह बेकार की चीजों के बारे में बहुत कम सोचता है।
- खुश रहने के लिए धन-दौलत नहीं, बल्कि खुशदिल-मिजाज होना ही काफी होता है।
- कामयाब कॉमेडियन अपनी खुशियाँ दूसरों पर लुटाकर अधिक खुशी महसूस करते हैं।
- गौर से देखो तो हँसी-मजाक के बिना इस दुनिया में हर चीज परेशान करने वाली है।
- भगवान ने दुनिया को गोल बनाया था, लेकिन इनसान ने उसका भी गोलमाल कर दिया।
- जिंदगी में बड़े-से-बड़े डर को दूर करने में हँसी-खुशी का सबसे बड़ा योगदान होता है।
- कॉमेडी उस इंद्रधनुष की तरह है, जो हर किसी के जीवन में खुशियों के रंग भर देती है।
- आईना हमारा सबसे अच्छा दोस्त होता है, वह कभी भी हमारी कमियों पर नहीं हँसता।
- ढोंग करने के बजाय, यदि ढंग से कॉमेडी की जाए तो नतीजे बहुत ही शानदार मिलते हैं।

- हास्य कलाकार न तो कभी किसी की बुराई करते हैं और न ही किसी की बुराई सुनते हैं।
- सिर्फ सोचने से हँसी पैदा नहीं होती, उसके लिए हमें कुछ प्रयास भी करने जरूरी होते हैं।
- कुछ लोग सोते समय साँस लेने और खर्राटे मारने को भी अपना बहुत बड़ा हुनर समझते हैं।
- कभी भी बिना बुलाए, बिना पूछे कुछ भी बोलने वाला कभी सफल कॉमेडियन नहीं बन पाता।
- सफल कॉमेडियन आम चीजों और बातों में से खुशी ढूँढ़ने का हुनर बहुत अच्छे से जानते हैं।
- किसी भी कॉमेडियन का हँसी के बिना बिताया हुआ दिन बर्बाद किए हुए दिन जैसा होता है।
- खुश रहने वाले लोग खुशहाल तो होते ही हैं, साथ ही लंबी उम्र तक हेल्थी जीवन जी पाते हैं।
- मूर्ख लोगों को कभी भी अच्छी कॉमेडी पसंद नहीं आती, वे बिना वजह अपनी राय देते रहते हैं।
- अभी तक कोई भी विज्ञान मूर्ख और बेवकूफ लोगों के लिए कोई भी दवा इजाद नहीं कर पाया।
- नहाने से सारी थकावट दूर हो जाती है, सर्दियों में ऐसी अफवाहों से सदा ही दूर रहना चाहिए।
- जो इनसान खुश रहने के साथ दूसरों को खुश कर सकता है, उससे अमीर कोई नहीं हो सकता।
- हमारा स्वभाव ही हमारा भविष्य तय कर सकता है कि हम जिंदगी में कितना कामयाब हो पाएँगे।
- जो लोग हँसते हैं, वे खुशनसीब होते हैं, जो हँसना बंद कर देते हैं, वे

सारी उम्र रोते ही रहते हैं।

- असल खुशी की पहचान सिर्फ उन्हीं लोगों को होती है, जो बिना वजह भी खुश रहना जानते हैं।
- कुछ हास्य कलाकारों में कॉमेडी के गुण बेशक न हों, लेकिन वे खुद को सबसे महान् समझते हैं।
- जो कलाकार जरूरत से अधिक सोच में डूबा रहता है, वो होश में रहते हुए भी बेहोश ही रहता है।
- आजकल लोग साधु-संतों के प्रवचन सुनने के बजाय हास्य कार्यक्रमों में जाना अधिक पसंद करते हैं।
- खुश रहने का सबसे आसान तरीका एक ही है कि जो कुछ जैसा है, उसे वैसा ही स्वीकार कर लो।
- आजकल अपने रिश्तेदारों से अच्छा तो गूगल है, एक अक्षर लिखते ही दिल की बात समझ लेता है।
- हँसी-मजाक करने के लिए हमें कई बार अपनी बेवकूफियों को भी दूसरों से साँझा कर लेना चाहिए।
- वैसे तो मनोरंजन के बहुत सारे साधन हैं, लेकिन कॉमेडियन को देखकर हर कोई खुश हो जाता है।
- आजकल के युवाओं में भी कमाल का टैलेंट है, बिना कोई काम किए ही बुरी तरह से थक जाते हैं।
- जो व्यक्ति हँसना और मुस्कराना नहीं जानता, उससे बड़ा मूर्ख इस दुनिया में कोई नहीं हो सकता।
- जब भी मौका मिले दिल खोलकर हँसना चाहिए, क्योंकि अभी तक हँसी बिल्कुल मुफ्त में मिलती है।
- सिर्फ उन्हीं लोगों को हमारी कमियाँ निकालनी चाहिएँ, जो हमसे कुछ बेहतर करके दिखा सकते हैं।

- एक आम आदमी अपने लिए जीता है, लेकिन एक कॉमेडियन जमाने को खुश करने के लिए जीता है।
- सफल कलाकार दूसरों को नीचा दिखाने के बजाय हमेशा खुद आगे बढ़ने का प्रयास करते रहते हैं।
- महान् कॉमेडियन सारे जमाने को तो खुश कर लेते हैं, लेकिन अक्सर अंदर से बिल्कुल अकेले होते हैं।
- जरूरत से अधिक बुद्धिमान लोग न तो खुद खुश रह पाते हैं और न ही दूसरों को खुश रख पाते हैं।
- हर कोई कहता है कि तमीज से बात करो, लेकिन कोई यह क्यों नहीं बताता कि तमीज कहाँ मिलेगी।
- हमारे देश के लोग भी कमाल के हैं, अजनबी लोगों से बात नहीं करते, लेकिन शादी तुरंत कर लेते हैं।
- कॉमेडी के क्षेत्र में लंबे समय तक कामयाब बने रहना थोड़ा मुश्किल जरूर है, लेकिन नामुमकिन नहीं।
- हम बुढ़ापे को आने से तो नहीं रोक सकते, लेकिन खुश रहकर हम खुद को सदैव जवान रख सकते हैं।
- सुलझे हुए कलाकार कभी न तो खुद को दूसरों से बड़ा और न ही दूसरों को अपने से छोटा समझते हैं।
- रिश्ते तोड़ने तो नहीं चाहिएँ, लेकिन जो कभी भी खुश न हो पाए, उनसे रिश्ता रखना भी ठीक नहीं होता।
- कुछ लोग पहले खुद नौटंकी करेंगे और बाद में कहेंगे कि उन्हें नाटक करने वाले लोग अच्छे नहीं लगते।
- अगर हमारी जिंदगी से हँसी-मजाक और कॉमेडी खत्म हो जाए, तो दुनिया को बचाना मुश्किल हो जाएगा।
- अनाड़ी और बेवकूफ इनसान की सबसे बड़ी पहचान यही होती है

कि वह खुद को सबसे ज्ञानी समझता है।

- एक तरफ माँ-बाप बच्चों को नहाने के फायदे समझाते हैं, तो दूसरी तरफ टीचर जल है तो कल है, पढ़ाती है।
- हमारे जीवन में बेशक किसी किस्म की परेशानियाँ हों, लेकिन हास्य सभी चिंताओं को हमसे दूर सकता है।
- धन-दौलत, पैसा, खुशियाँ तो आती-जाती रहती हैं, मोटापा ही एक सच्चा साथी है, जो सारी उम्र साथ निभाता है।
- जबरदस्ती किसी को हँसाने की कोशिश मत करो, जब तक कोई मन से खुश नहीं होता, उसे हँसाना बेकार है।
- कामयाब कॉमेडियन बनना चाहते हो, तो मतलबी लोगों को सिर्फ अपने फोन से ही नहीं, जिंदगी से भी दूर कर दो।
- मूर्ख लोग खुद बेशक कुछ भी न कर पाएँ, लेकिन वे बड़े-से-बड़े हास्य कलाकार की कमियाँ जरूर निकाल देते हैं।
- कुछ लोगों को मजाक करना नहीं आता, लेकिन इसका यह मतलब नहीं है कि वे कभी मजाक कर ही नहीं सकते।
- जिंदगी में सफल कलाकार बनना चाहते हो, तो सिर्फ कर्मों को समझो, धर्मों को समझने की जरूरत नहीं पड़ेगी।
- आजकल कोई किसी को खराब नहीं करता, एक मोबाइल फोन ही काफी है, हम सभी को बर्बाद करने के लिए।
- कभी भी किसी को हर समय खुश करने की कोशिश नहीं करनी चाहिए, क्योंकि वह कभी भी हमारी कद्र नहीं करेगा।
- जिस तरह सूरज के बिना अंधकार हो जाता है, ठीक उसी तरह खुशियों के बिना हमारा जीवन भी नीरस ही रहेगा।
- दु:ख, परेशानियाँ तो जीवन में आती-जाती रहती हैं, इसलिए जहाँ तक हो सके, हमें खुश रहने का प्रयास करना चाहिए।

- हास्य तो हर किसी के अंदर छिपा होता है, कुछ लोगों का यह चेहरा उस समय सामने आता है, जब वे नशे में होते हैं।
- आप कितनी भी अच्छी कॉमेडी कर लो, लेकिन कुछ लोगों की आदत होती है कि वे उसमें भी कमियाँ निकाल ही देंगे।
- आँसुओं से हमारा मन जरूर थोड़ा हल्का हो जाता है, लेकिन हँसी-मजाक से तो सभी चिंताओं से मुक्ति मिल जाती है।
- समय के साथ सबकुछ बदल जाता है, कल तक जिसे हम ठेंगा कहते थे, आज उसे जमाने वाले लाइक कहते हैं।
- हालात को तो कोई नहीं बदल सकता, लेकिन हास्य के माध्यम से हम उन्हें देखने का नजरिया जरूर बदल सकते हैं।
- यदि हम सभी एक-दूसरे को खुश रखना सीख लें तो दुनिया से सदा के लिए नफरत को खत्म किया जा सकता है।
- हमारी परेशानी का मुख्य कारण यह है कि हम दु:खों को जरूरत से अधिक और खुशी को बहुत कम महसूस करते हैं।
- किसी करीबी के मरने पर जो लोग सबसे अधिक दु:खी होने का दिखावा करते हैं, वे उनके साथ क्यों नहीं चले जाते?
- जरूरत से अधिक दोस्तों और रिश्तेदारों की बातों पर भरोसा करने से हमारा अपना ही आत्मविश्वास कम होने लगता है।
- हमें लोगों की बेवकूफियाँ चुपचाप बर्दाशत कर लेनी चाहिएँ, क्योंकि वे बेचारे हमारी भी बेवकूफियों को बर्दाशत करते ही हैं।
- मुझे दूसरे लोगों से दूर रहकर चलना बहुत अच्छा लगता है, खासतौर से जो लोग मेरी खुशी की कीमत को नहीं समझते।
- हर समय बेवजह रोने वालों से सदा ही दूर रहना चाहिए, वरना वे हमारी हास्य की कला को बेकार करने में देर नहीं लगाते।
- हर प्रोग्राम में 1-2 लोग ऐसे जरूर मिल जाएँगे, जिन्हें कोई बीमारी

नहीं होती, वे अपने आप में ही बड़ी बीमारी होते हैं।

- कॉमेडी करने का अंदाज कुछ ऐसा होना चाहिए कि जब बोलो तो बरस जाओ, जब चुप रहो तो जमाना सुनने को तरस जाए।
- हमें हास्य कलाकारों की सबसे अधिक इज्जत करनी चाहिए, क्योंकि वे अपने से अधिक हमारी खुशियों का ख्याल रखते हैं।
- सफल कॉमेडियन कामयाबी की बुलंदियों तक तभी पहुँच पाते हैं, जब सबसे पहले वे अपने मन पर काबू रखना सीख लेते हैं।
- अगर आप खुद को कॉमेडी के लिए काबिल बना लेते हैं, तो तुरंत प्रसिद्धि पाने और अच्छी कमाई का सबसे आसान तरीका है।
- खुश रहना चाहते हो तो अपने कानों को जरूरत से ज्यादा साफ मत करो, वरन बहुत सारी बेकार की बातें भी सुनाई देने लगेंगी।
- जमाना कितना बदल गया है, लोग हास्य कलाकारों की बात को गंभीरता से सुनते हैं और नेताओं की बात को मजाक समझते हैं।
- हम कितने भी महँगे कपड़े क्यों न पहन लें, लेकिन अगर हमारे चेहरे पर खुशी नहीं है, तो हम किसी को भी प्रभावित नहीं कर पाएँगे।
- कामयाबी की राह पर आगे बढ़ना चाहते हो, तो दूसरों के पीछे चलना छोड़ दो, वरना दुनिया वाले गिरा हुआ समझने में देर नहीं लगाते।
- कोई सुने या न सुने, लगातार कुछ-न-कुछ मजाक करते रहना चाहिए, इससे अपना टाइम भी पास हो जाता है और मन भी लगा रहता है।
- घर के बाहर तमाशा वही लोग करते हैं, जिनकी घर में कोई नहीं सुनता, इसलिए ऐसे लोगों की परवाह करने की जरूरत नहीं होती।

15

खट्टे-मीठे अनुभव

- खुश रहने वाले पैसों को दिमाग में नहीं, जेब में रखना जानते हैं।
- असली खुशी बड़ी कार से नहीं, बल्कि थोड़े से प्यार में मिलती है।
- हास्य के बिना इस दुनिया में दु:ख-दर्द को खत्म करना बहुत कठिन होता है।
- सुस्ती कोई बीमारी नहीं है, यह तो सिर्फ बिना काम किए थकने की आदत है।
- मूँगफली में दाना नहीं, आजकल किसी पर भी विश्वास करने का जमाना नहीं।
- सभी लोग एक जैसे नहीं होते, कुछ जरूरत से ज्यादा कंजूस और कमीने होते हैं।
- जिंदगी में कभी यह नहीं सोचा था कि हमारे फोन हमसे अधिक स्मार्ट हो जाएँगे।
- जो व्यक्ति समय की कद्र करना नहीं जानते, वो जिंदगी में कभी खुश नहीं रह पाते।
- कुछ लोग इतने बड़े कंजूस होते हैं कि मरने के बाद भी अपने अंग दान नहीं करते।

- बुढ़ापे में ज्ञानवान बनने के लिए जवानी में कुछ बेवकूफियाँ करना भी जरूरी होता है।
- किसी भी इनसान की समझदारी को समझने से पहले हमें खुद समझदार बनना चाहिए।
- जिंदगी बड़ी तेजी से खत्म हो रही है, इसलिए जितना खुश रह सकते हो, उतना खुश रहो।
- आजकल हमें अपने दोस्तों की याद तभी आती है, जब हमारा टाइम पास नहीं हो रहा होता।
- अगर हमारे पास ज्ञान से भरपूर दिमाग नहीं है, तो हमें अपना मुँह कभी नहीं खोलना चाहिए।
- जो लोग गिरगिट की तरह रंग बदलते हों, उन्हें प्यार से नहीं लात मार कर दूर कर देना चाहिए।
- जहाँ कहीं रुकने का कोई खास कारण न हो, वहाँ से जितनी जल्दी हो सके, चले जाना चाहिए।
- प्यार करने की कोई उम्र नहीं होती, क्योंकि आदमी का दिमाग तो कभी भी खराब हो सकता है।
- जब तक दिमाग की बत्ती नहीं जलती, आँखों में रोशनी हो या न हो कोई खास फर्क नहीं पड़ता।
- जिंदगी में पैसा ही सबकुछ नहीं होता, ऐसा कहने वाले ही सबसे अधिक पैसे से चिपके रहते हैं।
- जरूरत से अधिक सोचने पर हमारी छोटी सी गलती भी हमें पहाड़ से बड़ी दिखाई देने लगती है।
- लोग क्या कहेंगे, इसे भुलाकर आप जिस भी बात से दूसरों को हँसा सकते हैं, उसे तुरंत बोल दो।

- जीवन में एक साथ कई काम करने का बोझ, हमें बहुत बड़ी परेशानी में डाल सकता है।
- ज्ञान लेने के लिए, दान देने के लिए और अभिमान छोड़ने के लिए कभी भी देर नहीं करनी चाहिए।
- जो लोग जितना अधिक चुप रहना सीख लेते हैं, वे उतना ही ज्यादा शांति का आनंद उठा पाते हैं।
- कुँवारे लड़कों के पास बेशक धन-दौलत हो या न हो, लेकिन 10-12 घंटे की नींद जरूर होती है।
- कई लोग हमदर्दी का इतना अधिक नाटक करने लगे हैं कि वे हमेशा के लिए सिरदर्द बन जाते हैं।
- जब तक किसी भी काम में थोड़ी-बहुत मौज-मस्ती न हो, उसमें सफलता पाना काफी कठिन होता है।
- कोई व्यक्ति पढ़ा-लिखा है या नहीं, लेकिन दिल के टूटने पर वह कवि और शायर जरूर बन जाता है।
- काम छोटे हों या बड़े, उन्हें एक-एक करके करने से हम बहुत सारे बेकार के झंझटों से बच सकते हैं।
- कई बार हमारा अपना शरीर ही हमारा साथ नहीं देता, ऐसे में दूसरों से उम्मीद रखना तो गलत बात है।
- प्यार, मोहब्बत, इश्क के लिए तो सारी उम्र होती है, सबसे पहले इज्जत कमाने की कोशिश करनी चाहिए।
- मन में ऐसा जुनून होना चाहिए कि एक दिन हमारे हस्ताक्षर साधारण कागज को करेंसी नोट बना सकें।
- जो लोग हर समय किसी भी प्रकार की चिंता में डूबे रहते हैं, वे कभी भी कॉमेडियन तो नहीं बन सकते।

- बुद्धिमान लोग कभी कोई गलती नहीं करते, लेकिन जवानी में की हुई गलतियाँ ही उन्हें बुद्धिमान बनाती हैं।
- अपनी खुशियों को बढ़ाने का सबसे आसान तरीका एक ही है कि हर किसी की खुशी में शामिल हो जाओ।
- आज के इनसान को तो भगवान भी खुश नहीं कर पा रहा, कोई इनसान किसी को कैसे खुश कर सकता है।
- कभी किसी को उजाड़कर अपना घर मत बसाना और कभी किसी को रुलाकर अपनी खुशी मत मनाना।
- पुराने जमाने में लोग दिल से माँ-बहन की इज्जत करते थे, आजकल इज्जत की माँ-बहन करने लगे हैं।
- आज का दौर भी कितना अजीब है, लोग सफलता को तो पसंद करते हैं, लेकिन सफल लोगों से जलते हैं।
- जिंदगी के हर पल का आनंद पाने के लिए हमें सबसे पहले अपने सुखद क्षेत्र को छोड़ना जरूरी होता है।
- अगर, तुम्हारा मन किसी भी काम में नहीं लगता, तो इससे यह साफ हो जाता है कि आप पक्के कामचोर हो।
- हम अपने कार्यक्षेत्र में बेशक कितने भी निपुण हों, लेकिन दूसरों के घरों में ताक-झाँक करना नहीं छोड़ पाते।
- सबसे बड़ी चिंता हमें उस समय होती है, जब हम किसी चीज की इच्छा रखते हैं और वह पूरी नहीं हो पाती।
- जब तक हम खुद अपने किए हुए कार्यों पर गर्व महसूस नहीं करेंगे, उस समय तक खुश तो नहीं रह सकते।
- आज के युवा बेशक कितने भी भुल्कड़ क्यों न हों, परंतु अपने पहले प्यार के गम को सारी उम्र याद रखते हैं।

- कई लोग अच्छे से जानते हैं कि वह बिल्कुल गलत है, लेकिन वे फिर भी बहस करके पूरे मजे लेते रहते हैं।
- बीमा एजेंट के पास भी कमाल का हुनर होता है, वह जीने से अधिक हमारे मरने के फायदे हमें समझा देता है।
- कुछ लोग सामने वाले की बेइज्जती नहीं करते, बल्कि बड़े प्यार से उसकी सच्चाई उसके सामने रख देते हैं।
- क्या अजीब समय आ गया है कि रिश्ते निभाने के लिए भी नेताओं की तरह हर बात में झूठ बोलना पड़ता है।
- आज के दौर में हम समय को बर्बाद करें या न करें, लेकिन समय हम सभी को बुरी तरह से बर्बाद कर रहा है।
- आजकल के युवाओं के पास कोई हुनर हो या न हो, लेकिन अकड़ हिमालय पर्वत से भी ज्यादा बड़ी रखते हैं।
- हमें सिर्फ उस बात की जिम्मेदारी लेनी चाहिए, जो हम बोलते हैं। दूसरा क्या समझता है, यह उसकी सिरदर्दी है।
- आजकल तो लोग अपने नाम की भी इज्जत नहीं रखते, वर्षा नाम की लड़की भी पल भर में आग लगा देती है।
- हम खुद से किसी भी व्यक्ति के बारे में अगर कोई राय बना लेते हैं, तो यह जरूरी नहीं होता कि वह ठीक ही हो।
- दुनिया का सबसे घटिया मजाक है कि कुछ भी फालतू में बोलकर यह कहना कि मैं तो मजाक कर रहा था।
- आपको अगर कोई कहता कि कुछ और सुनाओ तो कुछ ऐसा सुनाना कि वह सारी जिंदगी आपको याद रखे।
- आजकल की दोस्ती और रिश्तेदारी भी चीन के माल की तरह हो गई है, पता नहीं कब टाँय-टाँय फिस हो जाए।

- भगवान तो सिर्फ एक इनसान बनाता है, लेकिन एक इनसान भगवान के अनेक रूप बनाकर उसे बाजार में बेच देता है।
- हर व्यक्ति कहता है कि उसे सच्चाई बहुत अच्छी लगती है, लेकिन मौका मिलते ही ईमानदारी से दूर भाग जाता है।
- सुबह जल्दी उठकर पढ़ाई करने में जो खुशी मिलती है, वह आज के युवाओं को बिल्कुल भी अच्छी नहीं लगती।
- जो लोग सारा दिन बिल्कुल बेकार बैठे रहते हैं, उनमें भी एक खास प्रतिभा होती है कि वे सोकर भी थक जाते हैं।
- किसी भी इनसान को चिंता सबसे अधिक उस समय परेशान करती है, जब वह बिल्कुल अकेला और खाली बैठा होता है।
- आखिर में हर किसी का मौत से सामना तो होना ही है, इसलिए जब तक जिंदगी है, हर पल खुशी-खुशी बिताओ।
- आजकल कुछ लोगों को ऐसा लगने लगा है कि सिर्फ चाय बेचकर ही हर क्षेत्र में कामयाबी हासिल की जा सकती है।
- हर काम करने का एक खास वक्त होता है, जैसेकि जो काम कल हो सकता है, उसे आज करने की क्या जरूरत है।
- मम्मी-पापा बेशक कुछ भी बोलते रहें, लेकिन उस समय कुछ समझ नहीं आता, जब बहुत जोर से नींद आ रही हो।
- आजकल बेटे को एक मिनट में जल्दी से उठाना हो, तो बस सिर्फ इतना बोल दो कि पापा तुम्हारा फोन चेक कर रहे हैं।
- पहले कहा जाता था कि हर हाथ मिलाने वाला दोस्त नहीं होता, आजकल दिल मिलाने वालों का इससे भी बुरा हाल है।
- हम सभी एक-दूसरे को खुश करने का दिखावा तो बहुत करते हैं, लेकिन असल जिंदगी में सबकुछ उलट होता है।

- एक बात समझ नहीं आती कि अगर हम कामयाब हों या असफल हों, रिश्तेदारों को बेवजह तकलीफ क्यों होने लगती है।
- जमाने को खुशी देने वालों को दुनिया की परवाह नहीं करनी चाहिए, क्योंकि प्रभु हर सुख-दुःख में उनके साथ रहता है।
- कुछ लोग रात को सोने से पहले सिर्फ इसलिए चिंता में डूब जाते हैं कि आज सारा दिन उनका खुशी-खुशी कैसे गुजर गया।
- हम किसी का भविष्य तो नहीं बना सकते, लेकिन अपने युवाओं को उनके बेहतर भविष्य के लिए तैयार जरूर कर सकते हैं।
- हमारे कुछ दोस्त और रिश्तेदार बिल्कुल खजाने की तरह होते हैं, दिल करता है कि उन्हें जल्दी से कहीं जमीन में गाड़ दें।
- जीते जी हम किसी की कद्र करें या न करें, लेकिन उसके जाने के बाद उसे याद करने का नाटक हर कोई कर लेता है।
- कभी भी कोई मजाक इस तरह से नहीं करना चाहिए कि लोग कहें कि भाई तू रहने ही दे, हम खुद ही कॉमेडी कर लेंगे।
- आज का दौर भी कितना अजीब है, शहर जितनी तेजी से बड़े होते जा रहे हैं, लोगों की सोच उतनी ही छोटी होती जा रही है।
- कुछ लोग सोशल मीडिया पर इतनी बड़ी-बड़ी ज्ञान की बातें लिखते हैं, जैसेकि लोग उनकी असलियत जानते ही नहीं।
- आज की इस दुनिया में सिर्फ एक पान वाला ही शरीफ रह गया है, क्योंकि वह हर किसी से पूछकर ही उसे चूना लगाता है।
- हर कोई हमें हसीन सपने दिखाता है, लेकिन पेट्रोल पंप वालों की हिम्मत भी कमाल की होती है, वे हमें सिर्फ जीरो दिखाते हैं।
- झूठ बोलने वालों के पास भी कमाल का हुनर होता है, हर झूठ को छिपाने के लिए तुरंत एक और झूठ बोलने को तैयार रहते हैं।

- लड़कों को कॉमेडी करने के लिए बहुत मेहनत करनी पड़ती है, जबकि लड़कियों को देखकर तो लोग वैसे ही खुश हो जाते हैं।
- जिंदगी से दु:खी होकर जो लोग बाबा बन जाते हैं, सारी दुनिया अपनी समस्याओं का हल पाने के लिए उन्हीं के पास जाती है।
- आजकल इज्जत करवानी है, तो पहले इज्जत करनी पड़ेगी, वरन भाड़ में जाना पड़ेगा, क्योंकि कोई किसी की परवाह नहीं करता।
- बाबा आराम देव की अपनी आँख बेशक ठीक से नहीं खुलती, लेकिन वे दुनिया भर में अपनी आँखों की दवाई धड़ल्ले से बेच रहे हैं।
- हम अपने जीवन में सबसे बड़ी भूल जो करते हैं, वह यह है कि मैं सबकुछ जानता हूँ, मुझे कुछ पढ़ने-लिखने की जरूरत नहीं है।
- ताजी हवा, जो सारी दुनिया में बिल्कुल मुफ्त में मिलती है, बाबा आराम देव ने उसे ही बेचकर करोड़ों रुपए का कारोबार कर लिया।
- मोटे आदमियों को जरूरत से अधिक भूख लगती है, हैरानगी की बात तो यह है कि उन्हें खाना खाते-खाते भी भूख लग जाती है।
- आम लोग एक बात कहते हैं कि हमारा मन तो बहुत साफ है, लेकिन वे दिमाग की बात नहीं करते कि वह शैतान से बढ़कर है।
- आजकल जरूरत से ज्यादा अच्छा होना भी ठीक नहीं होता, क्योंकि ज्ञानी लोग समझाते हैं कि मीठे फलों पर छुरी सबसे पहले चलती है।
- हमारा देश इसलिए भी महान् है, क्योंकि यहाँ एक महीने में डॉक्टर, इंजनियर बनने की पुस्तकें 25-30 रुपए में फुटपाथ पर मिल जाती हैं।
- सूरज पूरब से निकलता है और पश्चिम में छिपता है, यह सिर्फ कहावत नहीं है, बहुत सारे बेकार रहने वाले लोगों ने इसे कई बार देखा है।

- भगवान ने दिल भी क्या कमाल का बनाया है, बचपन से बुढ़ापे तक एक जैसा रहता है, वरना उम्र और पेट तो हर समय बढ़ता ही रहता है।
- हम सभी चाहते हैं कि दुनिया के सभी लोग हमारी मर्जी मुताबिक चलें, लेकिन जब ऐसा नहीं हो पाता, तो हमें चिंता परेशान करने लगती है।
- कुछ लोग बुढ़ापे में भी बेवकूफियाँ करना नहीं छोड़ते, पूछने पर कहते हैं कि मैं पहली बार बूढ़ा हुआ हूँ, मुझे बुढ़ापे का कोई अनुभव नहीं है।
- रात गई बात गई की तरह परीक्षा खत्म तो बात खत्म, अगर उसके बाद भी कोई पढ़ाई की बात करे तो उससे सदा के लिए रिश्ता खत्म।
- जब कभी कोई चिंता जरूरत से अधिक सताने लगे तो आँखें बंद करके यह मंत्र बोलो कि दुनिया जाए भाड़ में, कसम से बहुत सुकून मिलेगा।
- कुछ लोग सफल होने के लिए कभी प्रयास नहीं करते, लेकिन असफल होने पर एक ही रोना रोते हैं कि यह सबकुछ मेरे साथ ही क्यों होता है।
- आजकल के युवाओं की जिंदगी, किस्मत खराब हो जाए तो उससे उन्हें कोई फर्क नहीं पड़ता, बस उनका मोबाइल फोन खराब नहीं होना चाहिए।
- हम चाहते हैं कि जो कुछ हम खुद जिंदगी में नहीं पा सके, वह सबकुछ हमारे बच्चे हासिल करें, ताकि हम उन सभी चीजों का आनंद उठा सकें।

- जिंदगी बहुत छोटी है, जितना तेज चल सकते हो, उतना तेज चलो, क्योंकि दुनिया को अलविदा कहने से पहले बहुत सारे करिश्मे करके दिखाने हैं।
- कोई व्यक्ति कितना भी होशियार क्यों न हो, लेकिन वह एक साथ न तो बहुत सारे कार्यों के बारे में सोच सकता है और न ही कभी पूरा कर पाएगा।
- मोबाइल फोन बनाने वालों ने भी न जाने इसमें कौन-कौन से विटामिन डाल रखे हैं कि अगर थोड़ी देर इस्तेमाल न करो तो घबराहट होने लगती है।
- आजकल के युवा कोई भी काम ठीक ढंग से नहीं करते, क्योंकि वे जानते हैं कि अगर काम अच्छे से कर दिया, तो घर वाले यही काम हमसे बार-बार करवाएँगे।
- जिस प्रकार दीमक का एक कीड़ा बड़े से बड़े पेड़ को खोखला कर देता है, ठीक उसी तरह एक छोटी सी चिंता हमारे जीवन की सारी खुशियों को मिटा सकती है।
- अक्सर हम जिंदगी को अच्छे से समझने के लिए फिल्में देखते हैं, जबकि सच्चाई यह है कि फिल्मी कहानियों का असल जिंदगी से दूर तक कोई वास्ता नहीं होता।
- चिंता को लेकर कभी भी चिंतित होने की जरूरत नहीं होती, क्योंकि यह तो हमारे जन्म के साथ ही आती है और दुनिया को अलविदा कहने तक साथ ही रहती है।
- 'जी भरकर' जो लोग चाहने का दम भरते हों, उन लोगों से थोड़ा सँभलकर रहना चाहिए, क्योंकि ऐसे लोगों का हर चीज से बहुत जल्दी 'जी' भर जाता है।
- किसी भी इनसान को सबसे अधिक खुशी उस समय मिलती है, जब

आधी रात को नींद खुल जाए और समय देखने के बाद मालूम हो कि अभी तो और सोना है।

- हमारे देश के हर नागरिक के अंदर एक विशेषज्ञ एवं सलाहकार छिपा होता है, बस आपको अपनी परेशानी बढ़ाने के लिए उन्हें सिर्फ अपनी समस्या बतानी होती है।
- आजकल के युवाओं की सोच इतनी बड़ी है कि वे आसमान को छूना चाहते हैं, लेकिन उन्हें एक ही शिकायत है कि उनके पापा उन्हें हवाई जहाज नहीं लेकर देते।
- जिंदगी बहुत छोटी है, इसलिए हमें बेकार की चिंता छोड़कर कुछ ऐसे करिश्मे करने चाहिएँ, जिन्हें देखकर सारा जमाना हमारे बारे में सोचने के लिए मजबूर हो जाए।
- हम बेशक कितनी भी मेहनत से पढ़ाई करने की कोशिश करें, लेकिन पुस्तक के हर एक अक्षर में न जाने कौन सा नशा होता है कि वह हमें फिर से सुला ही देता है।
- आम आदमी कोरोना वायरस को दूर भगाने की कोशिश कर रहा है, लेकिन कुछ लोग ऐसे मौके का भी फायदा उठाकर डिजाइनर मास्क बनाकर उसे इंप्रेस कर रहे हैं।
- कर्म करना अच्छी बात है, लेकिन ऐसे कर्म करने का क्या फायदा कि पहले पेड़ काटकर पुस्तक बना दो, फिर उसी पुस्तक में लिख दो कि पेड़ काटना अच्छा नहीं होता।
- जिंदगी के किसी भी लक्ष्य को हासिल करना मुश्किल काम नहीं, बस उसके लिए हमारे दिलो-दिमाग में यह स्पष्ट होना चाहिए कि आखिर हम क्या कुछ और क्यों चाहते हैं।
- सारी दुनिया ने जब बाबा आराम देव के कहने पर अपना कारोबार छोड़कर अपना सारा ध्यान योग में लगा दिया तो फिर बाबा ने अपना

करोड़ों रुपए का व्यापार शुरू कर दिया।

- कुछ लोग अपने गुरूर में इतने डूबे होते हैं कि अपनी शक्ल आईने में देखकर कहते हैं कि हमें बनाकर भगवान भी सोचता होगा कि मैंने यह अनमोल हीरा कैसे बना दिया।
- हमारे देश के नेता बरसों से इसे सिंगापुर, पेरिस और शंघाई बनाने के सपने दिखाते आ रहे हैं, वह सबकुछ तो पता नहीं कब बनेगा, लेकिन हम बरसों से मूर्ख बनते जा रहे हैं।
- हमारे देश में बहुत सारे लोग अपने जीवन में खुद तो कुछ नहीं कर पाते, परंतु दुनिया वालों को सलाह-मशविरा ऐसे देंगे, जैसेकि उनसे बड़ा जीनियस आज तक कोई पैदा हुआ ही नहीं।
- जब से हमारा जन्म हुआ है, तब से अभी तक अनेक सरकारें आईं और चली गईं, लेकिन हम कल भी लाचार और असहाय थे और आज भी हैं, क्योंकि हमने कभी अपनी ताकत को समझने की कोशिश ही नहीं की।
- अगर किसी से थोड़ी कम बात करो, तो लोग कहते हैं कि बहुत अकड़ आ गई है, थोड़ा खुलकर हँसी-मजाक कर लो, तो कहते हैं कि इसे तो हर समय इश्क ही सूझता है, अब हम क्या करें, क्या जान दे दें अपनी।
- कुछ लोग जब छोटे होते हैं, तो वे एक ही बात कहते हैं कि जिंदगी में कुछ बड़ा करके दिखाएँगे, लेकिन जब बड़े से बूढ़े भी हो जाते हैं तो उस समय तक भी उन्हें यह समझ नहीं आता कि बड़े काम किए कैसे जाते हैं।
- हमें यह बहुत बड़ी गलतफहमी होती है कि हमारे परिवार वाले और दोस्त हमारे बिना नहीं रह सकते, लेकिन सच्चाई यह है कि हमारे मरने के चार दिन बाद ही हर कोई जाने वाले को भूलकर अपनी

जिंदगी में व्यस्त हो जाता है।

- कुछ लोग स्टेज पर दो मिनट बोलने के लिए आते हैं, परंतु पाँच मिनट यह बोलकर निकाल देते हैं कि मैं कहना तो बहुत-कुछ चाहता हूँ, लेकिन मेरे पास न तो अल्फाज हैं और न ही मुझे यह समझ आ रहा है कि मैं क्या बोलूँ।
- आजकल के युवा अक्सर कहते हैं कि सैकड़ों पापड़ बेलने के बाद भी सरकारी नौकरी नहीं मिलती, अब उन्हें क्या समझाएँ कि अगर सैकड़ों तरह के पापड़ बेलने आते हैं, तो नौकरी की जरूरत क्या है, आप पापड़ बनाने की फैक्टरी लगा सकते हैं।
- इस दुनिया की सबसे सर्वश्रेष्ठ पुस्तक यही है, जो आप इस समय पढ़ रहे हैं, क्योंकि यह आपको मजाक-मजाक में नाम, पहचान एवं शोहरत दिलवाने के साथ धनवान भी बना सकती है।
- कल तक डॉक्टर, इंजीनियर होना अच्छा माना जाता था, लेकिन आज जमाने में कपिल शर्मा जैसे कॉमेडियन को ज्यादा इज्जत दी जाती है, इसलिए जिंदगी में हमेशा सफल रहना चाहते हो, तो समय के साथ बदलते रहो।
- शुरू में तो हर कलाकार एक काँच की तरह होता है, लेकिन जब वह अपनी कला को निखारकर आईने की तरह बनाता है, तभी सारा जमाना उसे देखने के लिए आगे बढ़ता है।

लेखक का जीवन-परिचय

देश के प्रसिद्ध लेखकों में से एक श्री जे.पी.एस. जौली ने अपनी अलग ही पहचान बना रखी है। जौली अंकल मोटिवेशनल लेखक, वक्ता होने के साथ मशहूर ग्राफोलॉजी-हस्तलेखन विज्ञान के भी विशेषज्ञ हैं। इसी के साथ उनका प्रेरणादायक यू-ट्यूब वीडियो चैनल भी है। उनके बारे में अगर यह कहा जाए कि वे बहुमुखी प्रतिभा के धनी हैं, तो शायद गलत न होगा। जौली अंकल के पास कमाल का हुनर है कि वे बिना कुछ समझाए या सिखाए ही मजाक-मजाक में सबकुछ सिखा देते हैं। उनकी पुस्तकें पढ़कर पाठकों के मन में नई सोच और विचार जागने लगते हैं। उनका जीवन बिल्कुल खुली पुस्तक की तरह है। वे जिस तरह का जीवन जीते हैं, बिल्कुल वैसा ही दूसरों के सामने रखते हैं। उन्होंने लेखन क्षेत्र के हर रंग को बहुत करीब से देखा है। उनकी पुस्तकों में इतनी विविधता है कि उनके विचार आपके भविष्य को बेहतर बनाने के साथ जिंदगी को खुशहाल भी बना सकते हैं।

40 पुस्तकों के साथ उनकी लगभग 1200 रचनाएँ विभिन्न समाचार-पत्रों, पत्रिकाओं में प्रकाशित हो चुकी हैं। जौली अंकल की शुरू में लिखी हुई चंद पुस्तकों को पाठकों ने जब पसंद किया, तो उसके बाद उन्होंने कभी पीछे मुड़कर नहीं देखा। जौली अंकल एक ऐसे अनूठे लेखक हैं कि उनकी हर पुस्तक पढ़ने वालों पर प्रभावशाली असर डालती है। उन्होंने लेखन की जो शैली अपनाई है, उसने युवाओं के दृष्टिकोण को एक नई दिशा प्रदान

की है। उनकी किसी भी पुस्तक के बारे में बात की जाए तो हर पुस्तक एक से बढ़कर एक है, उन्हें पढ़ते हुए मन नहीं भरता। उनके द्वारा हिंदी भाषा में लिखी हुई लोकप्रिय पुस्तकें अब देश-विदेश में अंग्रेजी, पंजाबी, बंगाली, मराठी एवं गुजराती भाषा में भी पसंद की जा रही हैं। पुस्तक-प्रेमी उनकी लिखी हुई रचनाओं को सराहने के साथ उनके हर संदेश को खुशी से अपने जीवन में अपना रहे हैं।

पाठकगण जानते हैं कि जौली अंकल की पुस्तकें, वीडियो न सिर्फ उन्हें हमेशा दुनिया से आगे चलने के लिए प्रेरित करती हैं, बल्कि उनके जीवन को भी रोशन करने में बहुत मददगार साबित होती हैं। उनका हर सकारात्मक विचार सुख, समृद्धि और सफलता पाने के लिए एक हथियार की तरह काम करता है। इसीलिए शायद हर पाठक उनसे जुड़ना चाहता है। उनका मानना है कि जिंदगी में असफलता नाम की कोई चीज नहीं होती। यह हमें कई बार धोखा देती है, कई बार बुरी तरह से रुलाती है, लेकिन हमें इन बातों से डरकर घबराने की जरूरत नहीं होती। जिस तरह डॉक्टर, वकील अपने पेशे में 'प्रैक्टिस' करते हैं, बिल्कुल ठीक उसी तरह हमें भी जीवन को खुशहाल बनाए रखने के लिए लगातार अभ्यास यानी 'प्रैक्टिस' करते रहना चाहिए। यह एक छोटा सा सुझाव किसी की भी जिंदगी में उजाला भर सकता है।

हर उम्र और वर्ग के लोग उनकी पुस्तकों का बेसब्री से इंतजार करते हैं। विषय चाहे कोई भी हो, वे उसे बहुत ही खूबसूरती से हमारे सामने पेश करते हैं, जो पाठकों को जीवन जीने की कला के साथ आसानी से पैसा कमाने के गुर भी सिखाती हैं। जौली अंकल अपने पाठकों को शुभकामनाएँ देते हुए अक्सर कहते हैं कि जिसकी मस्ती जिंदा है, उसी की हस्ती जिंदा है, वरन तो यह समझ लो कि हम जबरदस्ती जिंदा हैं। जौली अंकल को अनेक प्रतिष्ठित सम्मानों एवं पुरस्कारों से सम्मानित किया जा चुका है।

□□□